最新★居家必備的開運風水書

好家在有好風水

家旺、人旺、事業旺！

人氣最旺命理大師 **蔡上機** 著

好家在有好風水

目錄

好家在有好風水

目錄

好家在有好風水

目錄

事業發達篇

飛黃騰達、升官晉爵的十個要項

好家在有好風水

目　錄

健康長青篇

獲得身心健康的六大問題

選房擇屋篇

購屋的風水開運叮嚀

【作者序】

不讓萬事俱備，只欠東風

全方位風水開運，您人生的好幫手

一般人對於風水開運的想法，幾乎都認為只要做好風水開運，美好的金錢、事業、愛情、婚姻、健康，就會自然而然的呈現在你的眼前，像是不必努力，就可以不勞而獲，事實上，這是非常錯誤的想法。

眞正的風水開運，是利用有利的風水磁場及所佈置的能量，來協調、幫助或激發住在這風水環境（住家或辦公營業場所）裡所有人的腦波，推及腦神經、腦細胞，並影響分泌腺與「心理、生理」（身、心、靈）的能量（人體磁場），讓同在這風水環境裡的人更具智慧、靈性及行為能力，並且能靈活的運用在生活中，使得個人的金錢財運、工作事業、戀情婚姻、健康青青，更為圓滿如意有成果，這才是所謂的「風水開運」。

打造美好的人生，不論過程是甜是苦，都不會是渾然天成。但是好的風水、開運的風水，可以營造好的機會與機緣，懂得把握、運用便能有好的結果，而這就需要靠自己的雙手打造了。所以，風水開運就好比諸葛亮：「萬事俱備，只欠東風」。好風水就是這應時的「東風」，臨門一腳達成最完美的結局。反之，若沒有萬事具備的前提，即使東風天天吹，也是枉然。

另外，就風水談開運得「開運」是不夠的，而且不夠全方位，應該還要從風水談對居家（工作）環境的「情感」與「啓發」得開運，才是百分百全方位的開運風水，也是蔡上機要給你的正確「開運風水」的概念。

例如在辦公桌上擺仙人掌，仙人掌的生命能量，加上帶刺的保護與攻擊特質，是具有擋小人的作用，但是在擺設仙人掌之時，是否也先問自己一下，為什麼自己會有小人，是自己太過鋒芒畢露、驕氣太焰？或是不夠低調造成他人的嫉妒？或者自己的性格言行容易挑釁、得罪人？或者自己的能力有問題，經常拖累他人而導致他人的排擠反感？在擋小人的同時，自己的言行是否也同步在製造小人、敵對關係的能量？同時自己是否也是他人心中的小人呢？

如果你只知道要擺仙人掌來擋小人，卻不知道小人在自己的生活中，是因何而生、因何而起、因何而來的話，擋小人只不過是治標的功能而已，小人因果根本沒解決。所以在擺設仙人掌，利用風水的開運能量，來擋小人的同時，也應該一起檢視、檢討與修復小人生成與存在的因果關係，一併解決，才是治本又治標的全方位開運。

又例如在臥房的窗戶，擺設粉紅鮮花、粉紅水晶……等等，是具有招桃花戀情的能量，但是在擺設的同時，是否也先問自己一下，為什麼自己沒桃花、不被異性所喜愛？是自己太傲慢、曲高和寡，或是太花心讓人沒安全感？或者是自己的外在、內涵無一可取？或者自己太內向、不夠活潑、死氣沈沈，又不會裝扮、不修邊幅？又或人生只有一條「公家路」，整天只在公司和家裡間走動，對外毫無人際公關，縱使風水的能量幫你招來桃花，這桃花也會因為你的個人問題而枯萎！

如果你只知道要擺粉紅鮮花、粉紅水晶等來招桃花戀情，卻不知道修復桃花殺手的個人特質，那麼招桃花就只不過是一個治標的功能而已，讓桃花無法落定的根本問題仍然存在著。

在開運招財的情況也一樣，比如在大門內部的玄關空間，擺設魚缸、流水……等等，確實具有招來財運的能量，但是在擺設的同時，是否也先問問自己，爲什麼賺錢比人少？爲什麼賺錢特別不順利？是自己想多賺一點錢的條件根本就有問題，或是賺錢的方法不對？或者對金錢與經營根本沒概念、不打理？縱使風水的能量幫你帶來財運的機會，也需要你去賺取它、計算它、打理它。如果你只知道要擺魚缸、流水等方式來招財運，卻不具備去獲取這錢財的能力，那風水招財就只不過是招來機會而已，缺乏將機會轉換成獲取金錢的能力的問題仍然還存在。

所以這本書是要告訴你、提醒你、更請你，在打理自己的風水求開運的同時，也要好好的打理一下自己的缺失與智慧。從改變風水來轉運，同時也提醒自己、轉變自己的思維：爲什麼自己不夠好運的種種現實與事實，如此才能百分百的開好運、行大運。

蔡上機祝你好命又好運！

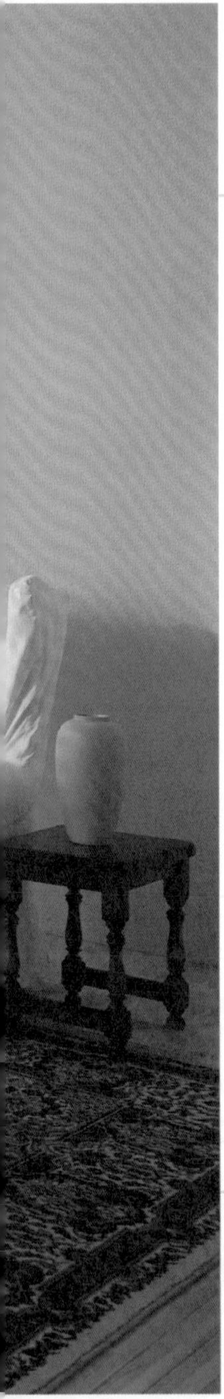

總論篇

自我佈置居家開運的好風水

家，是每個人生命中最無私、最安全、最堅強的最後堡壘，不管在工作上遇到什麼挫折、情路上碰到什麼磨難、健康上出現何種警訊，這裡是分享得意憂愁、痛苦喜樂、分憂解勞的園地，同時也是無條件、無限量的供應各項作戰補給品的後勤基地。

家的價值不在坪數大小、豪華程度、或地段貴賤，而在舒適、溫馨、幸福的氣氛與凝聚全家情感的無形力量。聰明的你，當然希望另一半出門打拚事業時，能夠升官晉爵、貴人相助、老闆賞識、加薪分紅；家人相處和睦、夫妻感情甜蜜蜜；積蓄財富滿溢、投資獲利；學子頭腦聰明、念書一極棒；至於討厭的衰事爛事，則自動退避三舍；讓你的家因為你的積極作為，創造一個風水流暢、信心滿滿的格局，最重要的是：這些你都做得到！

SCANDINAVIA

一、大門與客廳

大門、內外明堂：主人際關係、事業、財運的風水區域。

客廳：全家人聚會之地，也是象徵全家人精神所在，而客廳與外界連結的外明堂、大門、內明堂則主宰著這一家人對外界的聯繫通道，也就是對外的人際關係、事業、以及生財之道。

有助事業發展能量的顏色：綠色

有助財運的顏色：黃色

有益工作事業的水晶：綠幽靈水晶

有益於財運的水晶：黃水晶

家人工作運勢順暢的客廳好風水

基本佈置

採光通風良好、打理清潔、舒適怡人，吸引全家人喜歡在客廳中相聚，就是能夠凝聚家人感情、共同對外打拚的好風水佈置。

客廳是凝聚家人情感的地方

禁忌

一、避免入門一直線對著餐桌：爲了三餐必須辛苦賣命。

二、沒有客廳（小套房常見問題）或客廳太小：無法居領導地位、難升官、做主管也做不久。

有助於人際關係、業務亨通的外明堂好風水

基本佈置

寬敞、明亮、通風、不堆積雜物、不對沖煞物、不與人共用或是太狹窄。

進階

將外明堂打理乾淨，通風又明亮，有利於公共關係、業務推廣。並在外明堂空氣對流的地方擺設流水盆，水往家裡流，擺設黃色鮮花的盆栽，則可招貴人。

禁忌

一、外明堂有沖煞物：路沖、弓箭沖、壁刀、電線桿、屋角、鏡射煞、電塔等：不利事業開展、業績突破。

流水盆及黃色鮮花可招貴人

二、外明堂堆滿凌亂惡臭的鞋子：招小人。

人生大好前途、事業順利的大門好風水

基本佈置

厚實穩重、明亮、窄小不宜。

進階

大門潔淨光亮，大門天花板上安裝一個能照亮大門的投光燈。可在大門外的左右兩側不妨礙進出處，放置三層或五層的見梗去葉的開運竹，在竹梗上用紅色細簽字筆寫上「陞」字，增加「節節高陞」的能量，有益於升官、獲老闆重用。

大門天花板安裝投光燈有助升官

禁忌

一、沖煞物：同外明堂外的沖煞物。

二、大門上有橫樑橫直穿入宅：工作事業易生重大變故。

三、大門直接對到通往外界的門或窗：即穿堂煞，氣場將屋子切成兩半，家人的工作事業易逢挫敗。也是容易家道中落的風水。

四、大門緊貼廁所門：工作上會面臨不好的事，如犯小人、被陷害。

大門上有橫樑橫直穿入宅

大門直接對到通往外界的門或窗

大門緊貼廁所門

大門緊貼或正對逃生門或消防栓

正對升降電梯

五、大門緊貼或正對逃生門或消防栓：易造成工作困境。

六、大門腐鏽損壞：易陷入工作危機。

七、正對升降電梯：容易導致人際業務及朋友關係的動盪不安。

財源廣進的內明堂（玄關）好風水

基本佈置

大門入門內的地方叫內明堂，也就是玄關的位置，代表財路、財源。內明堂要寬敞明亮、動線流暢，不堆積雜物。

進階

一、準備一個肚大口小的容器，將新台幣從一元到二千元的各種幣值

內明堂（玄關）

聚寶盆

放入底部，再放一張自己的名片，將具招財功效的黃水晶碎石裝入容器中八分滿，上面再壓一顆天然水晶元寶或圓球（白水晶或髮晶皆可），放在內明堂，有助於加薪、業績蒸蒸日上。

二、清理內明堂乾淨清潔，鞋子收納好，若空間夠大可設置玄關牆或櫃子，於玄關設置流水盆或魚缸，可促進財運。

三、去除鞋櫃內的穢氣，或在鞋櫃上擺植栽（如開運竹），可防止破財。

鞋櫃去穢氣、擺植栽可招財

禁忌

一、內明堂橫樑下壓：財運受阻、財運易被掠奪。

二、內明堂緊貼樓梯：賺錢壓力大。

三、內明堂狹迫、穢氣重：財運不通。

四、內明堂緊點著廁所門：易破財。

五、內明堂是陽台：賺錢很競爭。

二、臥室

臥室：主掌愛情、感情的關鍵空間，臥室裡的窗戶及梳妝檯則是愛情能量之處。

臥室是個人最私密的空間，一個舒適溫馨的臥室是培養夫妻、戀人感情的溫床，而人一天至少有三分之一的時間用在睡眠、休息、補充體力，因此臥室的空間不宜太過狹小，空間小必生壓迫感，空氣量少對呼吸健康也不好，或是通風採光不良、陰暗潮溼，都會造成睡眠品質上的問題，當然也不能算是好的風水條件。

但若臥室坪數不大也沒有關係，但求小而巧，不必要的家俱擺設盡量排除，雜物收納好，如果沒有完美的採光通風，可以採用除溼機，或負離子機、臭氧機讓臥室保持整齊、清潔、乾燥。

增加桃花的顏色：粉紅色。

增加對感情ＥＱ與ＩＱ能量的顏色：紫色。

增加戀情的水晶：粉水晶。

增加對感情ＥＱ與ＩＱ能量的水晶：紫水晶。

臥室是主掌愛情、感情的關鍵空間

擁有容易存私房錢及感情順利的梳妝檯

基本佈置

在臥室內最好擺一張梳妝檯，整齊乾淨，隱密又採光良好，並且具備固定式、較大的鏡子和紮實的檯面與抽屜，不一直線正對或緊貼任何門窗，不在橫樑正下方，不緊貼柱，鏡面不一直線自床腳正射床面，不一直線正對側面的床頭，就是梳妝台的好風水，對於私房錢或個人理財都有好的運勢協助。盡量個人使用，若與他人共用或是兼做書桌、工作桌的話，私房錢易被人發現。

禁忌

一、沒有梳妝檯，而以廁所洗臉檯取代：易因不名譽的事或健康問題而破財。

二、梳妝檯位於更衣室內：空氣不流通造成存不了私房錢，或是手邊有錢就拿去買名牌衣飾、皮包精品。

三、梳妝檯緊貼廁所門、一直線正對或背對廁所門：整理私房錢時容易腦筋不清楚，或被人詐騙，或因男女桃花而破財。

臥室一定要有梳妝檯

四、梳妝檯上有冷氣口或橫樑或靠柱：存不了錢或存錢存得很有壓力。

五、梳妝檯也忌緊貼房門、一直線正對或背對房門：容易導致私房錢被迫拿出來解決家人的燃眉之急。

六：梳妝檯貼窗戶、一直線正對或背對窗戶：則易導致私房錢因外界的人事物而損失，被人騙財或是受不了外界的誘惑而破財。

代表愛情、桃花的梳妝檯

基本佈置

打理梳妝檯乾淨、整齊、無穢氣才會有好桃花。

禁忌

避免一直線正對或緊貼廁所門：易招爛桃花。

愛情圓滿的臥室窗戶

基本佈置

窗戶是非正式的對外通道，臥室內的窗戶另一項功用是用來男女約會、私密情事發生之地，因此要打理乾淨，不堆放雜物，窗明几淨是基本要件。

臥室窗要打理乾淨，利於愛情運勢

禁忌

臥室窗戶一直線正對或緊貼廁所門、或梳妝檯，易導致夫妻不睦，感情出軌。臥房門一直線正對任何通往戶外的門或窗，容易導致家人胳臂往外彎而欠缺向心力。

破解法

移開梳妝檯，或於房門與一直線所正對的門窗之間，擺設屏障物或屏風，如無法擺設可將房門隨手關上，並加掛窗簾或門的十分之九長度的布門簾，再於窗戶或房門、廁所門框頂上掛置一顆直徑約略五公分的天然水晶圓球。

遠離衰事的臥室內廁所

基本佈置

現代人的家中主臥室大都以套房的型態，即在臥室附有衛浴設備，但廁所是排泄穢氣不潔之物的地方，臥室內的廁所要特別注意保持乾淨、乾燥、除穢氣的問題。避免廁所門緊貼床頭、和梳妝檯緊鄰、廁所牆面緊貼著梳妝檯、或正對、背對著梳妝檯，都有不良影響。

感情融洽的床頭位置

基本佈置

床頭理想的位置最好是靠牆、並且有床頭板或床頭箱（櫃），避開窗戶。

禁忌

一、夫妻床鋪緊貼廁所門或廁所門一直線正對側床頭部位，或廁所門一直線自床腳正對床面，容易導致家暴危機。

二、夫妻床鋪緊貼房門或房門一直線正對側床頭部位，夫妻一方睡於貼房門或側對房門的那一個位置，房門又一直線正對通往外界的大門或窗戶，如此的風水會造成此人待不住家裡，天天想往外跑。

三、床頭上有橫樑：睡眠品質不良、導致嚴重失眠，以及筋骨關節痠痛的毛病。

四、床頭後方牆面是廁所內部，並緊貼著馬桶位置（如非馬桶位置則無妨）：人的腦波易受干擾，影響中樞神經，造成神經衰弱。

床頭最好能靠牆

破解法

一、首先將廁所打理整齊、乾燥、乾淨、除潮、除穢氣。將床移開，不要緊貼或一直線正對、側對廁所門。如無法移開，可於床及廁所門之間加置屏障物或屏風，如空間無法擺設屏障物或屏風，則隨手關門，並加掛置十分之九長度的布門簾，再於廁所門框頂上掛一顆直徑約略五公分的天然水晶圓球，水晶圓球用中國繩結成的網袋包住，以不會碰觸到頭頂爲主。

二、同前。但大門無須掛置布門簾。

三、可利用裝潢將橫樑包覆起來，或擺設一個床頭櫃，隔開床頭直接被橫樑壓制。

四、移開床頭，若不能移開，則加置一個床頭櫃隔開，阻隔馬桶穢氣沖刷。

招正桃花的風水佈局

基本佈置

想要招來好桃花，可於臥房窗戶內或梳妝檯上擺設「去刺」的粉紅玫瑰、天然粉水晶圓球，臥房的床單、床罩、窗簾等改用粉色系列的寢飾，用粉紅水晶碎石做成枕頭來睡覺，並在梳妝檯旁點一盞柔和的夜燈。

避開爛桃花的風水佈局

基本佈置

於臥房窗外擺設仙人掌或天然茶水晶柱或骨幹水晶。

窗內擺設天然粉紅水晶加紫水晶，去刺粉

臥室內擺設天然粉紅水晶圓球或玫瑰，有助招正桃花

紅玫瑰鮮花加紫色鮮花，或直接是粉紫色的鮮花，寢室使用粉紅加紫色調的色系或直接是粉紫色系的寢飾。

禁忌

一、沒有窗：容易導致沒有桃花。

二、沒有梳妝檯：容易導致存不了私房錢、及沒有戀情。

三、臥室的窗戶外有高架橋橫跨，或是窗戶一打開就是氣味難聞的臭水溝，或修車、廢地、垃圾堆等，都是容易情路不順的風水。

破解法

一、沒有窗戶者，可於床鋪正對面擺設一幅色彩鮮艷的花田圖案的手工寫實畫風的油畫，裝飾成一個假窗，花田猶如窗外的繽紛美麗世界。

二、擺設一個堅固牢靠的梳妝檯，想招桃花，可在梳妝檯上放置一個直徑約八公分大的粉水晶圓球。

三、在窗外窗台上放置仙人掌或天然茶水晶或骨幹水晶去煞。

窗台放置仙人掌或骨幹水晶避爛桃花

窗外有高架橋，情路易不順

臥室沒有窗戶，可用花田的手工油畫替代

可能導致婆媳不和的位置

禁忌

將家中面積畫分爲平均的九份（九宮格），如媳婦臥室坐落在房子的西南坤卦（即八卦中主母親的位置），媳婦會和婆婆有衝突（要婆媳同住才會發生）。

破解法

如婆媳的關係是長媳婦，可於婆婆臥房空間的長女（長媳）的東南巽卦位置，擺設茶水晶圓球或七星陣。如是次媳，茶水晶圓球或七星陣則改置於次女（次媳）的北位坎卦位置。如是三媳，茶水晶圓球或七星陣則改置於參女（參媳）西位兌卦的位置。如是婆婆，可於媳婦臥房空間面積的西南坤卦（母親的位置），擺設茶水晶圓球或七星陣。

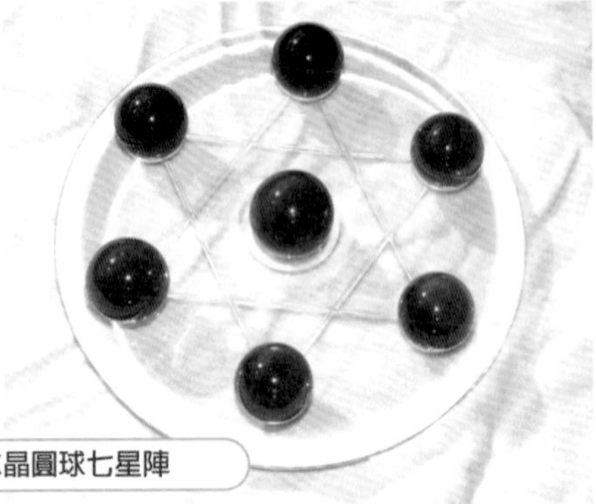

茶水晶圓球七星陣

臥室門對門對沖，家庭成員不睦

破解法

兩門隨手關上，並加掛置十分之九長度的布門簾，再於房門框頂上掛置一顆直徑約略五公分的天然水晶圓球，以隔開兩門對沖的磁場。

三、廚房

廚房在風水中代表的是財庫位置，同時廚房是主婦打點一家大小飲食的地方，又是主導全家人健康的位置，重要性不言可喻。

固守錢財、招財的顏色：黃色

適合放在廚房的水晶：黃水晶、白水晶、紫水晶

廚房在風水中居財庫位置

打造財庫滿溢的廚房風水

基本佈置

一個好廚房風水的基本條件必須是獨立成格的空間，財庫才得以守住。開放式廚房，錢財易因故而損耗，守不住財。另外，光線充足、清潔乾爽也會招來好風水。

進階

創造一個理財獲利、固守錢財的廚房需注意清潔、整齊、採光通風、較大的廚房空間、火爐不宜直接曬到太陽。準備七顆天然白水晶球或髮晶球置於米缸裡，米缸放在瓦斯爐下方的廚櫃裡，每當量米煮飯時，將水晶球滾動一下，讓水晶球能量固守並運轉財庫核心的瓦斯爐風水。

禁忌

一、地坪下陷：積蓄愈存愈少。

二、廚房像倉庫：理財數字混亂。

三、廚房內養寵物：錢財理不起來，小人破財。

滾動米缸內的水晶球利於財運

廚房像倉庫則理財不易

廚房門正對後門易破財

四、洗水槽下漏水、穢氣、潮氣、發霉：易破財。
五、廚房像廢墟：全家人的健康也受影響。
六、廚房門正對後門：一有積蓄就因故破財。
七、廚房門正對廁所門：積蓄因爛事而損耗。
八、廚房門正對或緊貼樓梯：爲了積蓄疲於奔命。
九、廚房門正對臥房門：睡在此房的人會因積蓄而日夜操煩。

瓦斯爐的禁忌

禁忌

一、瓦斯爐下空陷：錢財難固守。
二、瓦斯爐緊貼窗下：積蓄因愛情桃花而損耗。
三、入門見瓦斯爐：財庫外露，錢財易被竊取。
四、橫樑壓瓦斯爐：爲了積蓄承受壓力、不易積財。
五、瓦斯爐正對或緊貼廚房門：自己拼命存錢，家人拼命花錢。
六、瓦斯爐正對或緊貼冰箱門或水槽：家人因理財方向起衝突，造成破財。
七、瓦斯爐位於化糞池、水溝上方：穢氣導致錯誤決定而損失。

四、書房

書房與書桌是念書、辦公的地方，空間的潔淨、明亮是必備條件，好的書房風水讓人在這裡用功讀書、準備考試（升學、升職、資格考、各種證照的考試），思路清晰敏銳、專心一意、精神集中，才能展現實力、所向無敵、功成名就。

書房以潔淨、明亮為首要條件

打造提升考運的書房

基本佈置

佈置專心念書的書房環境避免擺放讓人分心的物品，選用光亮的白色燈具，書桌以靠牆爲優，牆面則以白色爲主，書桌前方最好不要擺放鏡子，易讓人分心。

進階

在書桌上視覺明顯處，放置切割成金字塔型的天然綠幽靈水晶七星陣，強化書桌風水，以利金榜題名。

禁忌

一、書桌貼柱或位於樑下：壓力太大影響潛力。

二、書桌正向或背貼窗戶：會因外界誘惑或桃花因素而影響考運。

三、書桌正對或背對房門：會因家人不良影響，壞了考運。

四、睡房兼書房：理性與感性引衝突。

五、書桌面對著廁所門：不願在此念書、荒廢課業。

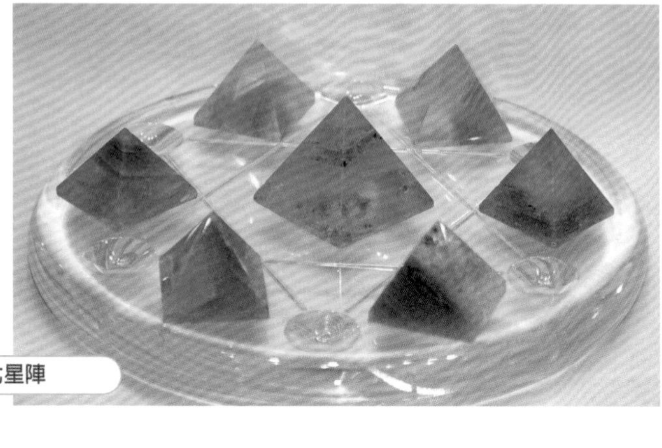

天然綠幽靈水晶七星陣

五、浴室

浴室廁所在風水上主掌健康，也象徵著隱私與不好之事；因此衛浴空間在房屋面積裡不宜過大，而浴廁是家人洗澡、排泄的地方，尤其要注意潮溼、穢氣的問題，乾淨清爽的浴廁令人愉快，更有益身體健康。

浴室廁所在風水上主掌健康

打造清潔乾燥、採光通風的衛浴空間

基本佈置

佈置有益健康的廁所避免穢氣回流至家中其他區域，打理乾爽清潔，除溼、去味，最好是有窗方便空氣對流及採光，可在廁所內擺放不怕溼氣、少日照的植物，或水晶碎石。若廁所無窗，可使用負離子機、臭氧機等去除臭味。

禁忌

一、廁所污穢潮溼：新陳代謝不佳、累積壓力與痛苦。

二、廁所在廚房內：進廁所需通過廚房，飲食美味與排泄臭氣對流相沖，影響家人精神與思考，同時也象徵著財庫有破洞。

三、廁所正對房門：住此房的人接收到負面能量，會經常背黑鍋或受拖累。

四、廁所位於房子的正中心：衰事不斷、易出現心臟血管方面疾病。

破解法

一、隨手關廁所門、廁所門掛上十分之九長的門簾。並在門上掛置一顆天然水晶球。

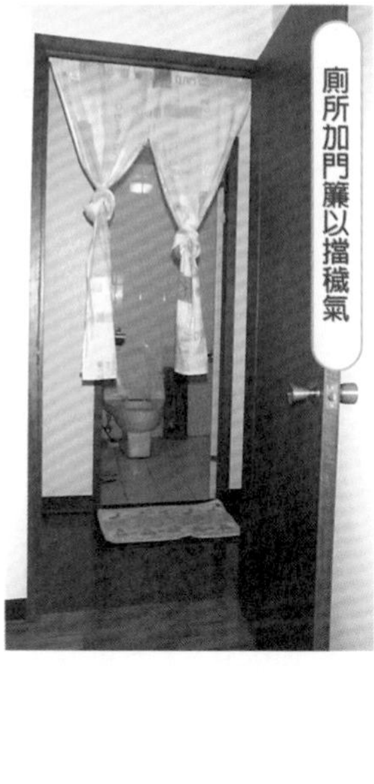
廁所加門簾以擋穢氣

二、三同前。但兩門皆掛門簾。

四、打掃清潔。但因難以有窗戶採光通風，因此潮穢之氣難以散去所以影響風水，廁所的抽風機要隨時運轉通風。此外水耕植物、水晶鎮碎石、芳香劑都可採用，最有效的是使用除溼機、負離子機、臭氧機。

父母子女不投緣的風水

禁忌

如家中廁所，位於房屋空間面積的東方震卦（長男位），則長子不得父母家人的緣。如廁所位於東南巽卦（長女位），則長女不得父母家人的緣。如廁所位於北方坎卦（次男位），則次男不得父母家人的緣，如廁所位於南方離卦（次女位），則次女不得父母家人的緣，如廁所位於東北艮卦（參男位），則參男不得父母家人的緣。如廁所位於西方兌卦（參女位），則參女不得父母家人的緣。

檢視方法

將家中面積畫分爲平均的九份（即是九宮格），手持指南針就可以得到各個區塊的方位。

破解法

將廁所打理清潔、乾淨、乾燥、除穢氣，並於廁所內擺放粉紅水晶及紫水晶碎石共五公斤，或經常插粉紅或紫色的鮮花。

長女 巽 東南	二女 離 南	母 坤 西南
長男 震 東	中	三女 兌 西
三男 艮 東北	二男 坎 北	父 乾 西北

金錢財運篇

有關錢財的十八個疑難雜症

人說錢非萬能，因為錢並不是什麼東西都能買得到、換得到，但為了創造一個更美好、更有品質的生活環境，金錢卻是萬萬不可或缺的。尤其是在現今什麼都漲就只有薪水不漲的大環境中，要求工作表現獲得賞識，能加薪分紅；賺錢快又容易，還要兼職賺外快；更求偏財運佳，五十元樂透中一億；業績族則要事事順利、業務紅不讓；要求投資理財錢滾錢、利滾利；現有的積蓄像放在聚寶盆中，取之不盡，用之不竭！

在居家風水當中，與金錢財富有關的有以下幾個區域：廚房代表的是財庫位置；入門後的區域被稱為內明堂，則代表這一家人的財路、財運；個人投資理財與存私房錢，則要看個人臥室內的梳妝檯；如果你的事業與外界聯繫關係密切，也就是說你的事業主要靠的是與人的公共關係，例如做生意要靠人氣、公眾人物靠大眾支持、演藝人員靠影迷，就要格外重視大門外的區域——外明堂了。

與財運相關的區域：廚房、內明堂、梳妝檯
代表招財的顏色：黃色
能夠增加財運的水晶：黃水晶、綠幽靈水晶

一、避免及預防為人作保而破財的居家擺設

Q：小何的好朋友向銀行貸款，央求小何替他作保，口口聲聲保證絕對沒問題，結果好友最後還是跑路，倒楣的小何保人變呆人，反成了銀行追討債務的對象。小何除了交友不慎之外，在居家風水上，有可能出現什麼影響財運的問題？

的確有許多人破財的原因，都是因為幫人作保，反而變成了債務人。大家都知道保人是不能做的，但當不走運的惡運勢到來時，卻是糊裡糊塗的又幫人作保了，所以這世界上人的問題，存在著許多「明知不可為而為之」的事情。

不當的風水容易造成幫他人作保的結果，最主要的原因是因為對金錢理財的思路不清所造成，因此利用風水的擺設，提升理性的能量，才不會糊裡糊塗明知不可保而保之。

容易出現幫人作保而破財的風水格局

一、主管財庫的廚房內，有廁所。

二、廁所就緊貼在大門內主管財路與財運的內明堂（玄關的區域）

破解法

首先一定要將廁所的穢氣潮氣處理掉，勤於打理廁所，維持乾淨、乾燥、整齊、清潔、消除穢氣，對外要有良好的採光與通風，廁所內可擺上綠色植栽來吸收穢氣，潮穢氣降低或完全消除異味了，自然不會影響這兩區域的風水問題。如果能加上隨手關上廁所門，減少穢氣外流的機會，並掛置十分之九長度的布門簾，防堵效果會更佳。並建議多多利用現代科技的臭氧機或負離子機，來一併解決廁所的穢氣問題，當然效果更好囉。

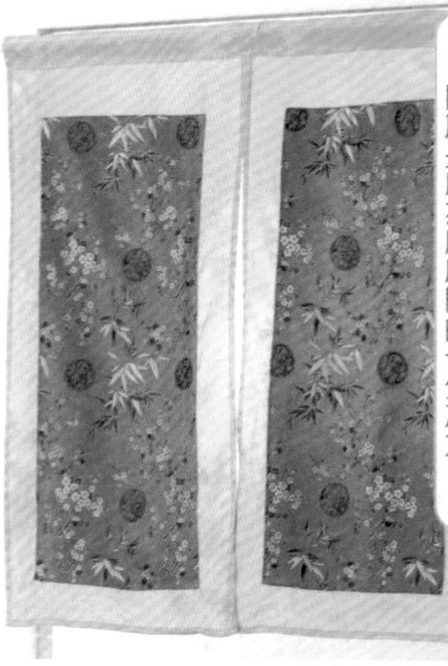

門簾長度為廁所門的十分之九

引申

在風水中廚房的位置代表的是這一家人的財庫，因爲烹煮食物需要火，而火需要氧氣幫助燃燒，因此家中的氣會往廚房跑，形成一個氣場，廚房因此成爲氣場收納之地，又是物資集中之所，加上廚房的位置大多安排在房屋的後方，是底而成庫。

而廚房內有廁所，一個是烹煮食物之地、一個是排泄身體廢棄物之地，兩者相鄰，一香一臭，一看便知不是理想的安排。至於爲何會影響財運？原因在於廚房是天天煮食之地，爐火會將家中的空氣往廚房裡吸，而廁所就在廚房內，爐火首先吸納的氣會是廁所內的污穢之氣，如此的食物吃到肚子裡，長期下來，會改變身體的能量，造成在理財時，財路不順（糊裡糊塗的爲人作保），並導致累積財富時破財的可能（因作保而破財）。

其次是大門打開便緊鄰著廁所，則是容易造成財路不順暢，有問題的人或事容易找上門來，改善方法同樣是解決廁所的穢氣、潮溼不潔。

蔡老師的小叮嚀

身體的機能靠一進（吃）一出（拉）來運作，廁所是家中不可或缺的，但是卻常被忽略。放置植物、加門簾、隨手關門、或是買台臭氧機消除臭味都是治標而已，若要治本，需養成打掃廁所，保持清潔、不潮不穢，就算先天上隔間位置不佳，不好的風水一樣可以被克服。

佈置一個強化理財思路、杜絕因作保而破財的風水

如果在風水上沒有上述的問題，但可能因爲其他的因素（如面相、姓名、紫微、運勢等）造成因作保而破財，這類情況可以積極的藉重風水上的擺設，來避免衰事上門。

佈置法

一、在主管財庫的廚房，及大門內主管財路（財運）的內明堂（玄關的區域），用理性光的白色燈光打亮一點，如果這兩個區域白天的光線不佳時，仍然要保持燈光的亮度，讓自己更具有理性的能量，不會爲任何感性的因素動搖，而能堅持不作保。

二、讀者如果想要更強一點的能量，來抑制不好事情找上門，又有足夠預算的話，可以在廚房和玄關兩處擺設大小與空間比例適中的天然骨幹水晶，來抑制金錢財庫被人強取豪奪的問題。

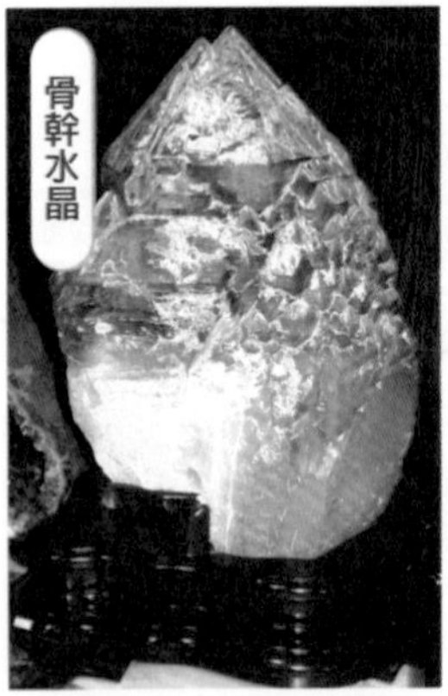
骨幹水晶

二、守住錢財，避免借貸造成損失

Q：阿達的朋友老是伸手向他借錢，借錢的臉皮厚，阿達反而不好意思不借，自己沒錢，還不惜去借錢來借朋友，但是錢都要不回來，自己卻欠了一屁股債；有可能藉助風水的佈置，讓阿達稍微有點智慧知道怎麼守財的辦法嗎？

世界上就是會有一種人，自己沒錢還去借錢來借人，自己反而成爲債主，看到對方吃喝玩樂、吃香喝辣不還錢，自己卻被債權人追債的時候，內心才會嘔氣。但還是有一部分的人，卻沒辦法不做傻事，一再犯著同樣的錯誤，理由是『沒辦法不借錢給對方』，眞想把這種人的腦袋瓜敲醒！

容易出現借錢不還的風水

一、主管財庫核心的廚房火爐，壓在化糞池、水溝上，或者火爐下方的空間髒亂不堪、異味難聞，是屬於借錢來借人的風水。

二、大門內主管財路（財運）的內明堂（玄關的區域）擺放臭鞋一大堆，一進出門就聞到鞋子臭味薰天，穢氣逼人，是屬有錢就借人的風水。

破解法

當然如果能夠將火爐的位置移開是最好的辦法，或者勤於收拾、清潔瓦斯爐的下櫃抽屜、鞋櫃；玄關內的鞋子收納進鞋櫃裡，並經常清洗鞋子或讓陽光曝曬殺菌，解決穢氣破壞風水能量的問題。

如果無法將瓦斯爐移位，可於瓦斯爐與化糞池、水溝之間的櫥櫃內擺設一些水晶碎石，利用水晶的物理能量與磁場來隔開瓦斯爐與化糞池水溝之間的風水磁場問題。

水晶碎石

引申

自己沒錢，還要借錢來借人，可能是個性的問題，或是對方太厲害，讓你不得不借。檢視家中廚房的火爐位置，住一樓且房屋向後擴建加蓋成廚房，較容易碰到瓦斯爐下方是化糞池或是水溝的情況。若是樓上的住家就要注意你家的瓦斯爐下方的櫥櫃、及玄關處的鞋子是否凌亂不堪、且臭氣衝天。

佈置一個增強能量，克制自己不借錢給人的風水

如果檢視自家風水沒有上述的問題時，可利用擺設來杜絕因借貸造成自己破財的可能。

佈置法

一、保持廚房乾淨、清潔、採光、通風。

二、可於廚房靠門內或外，或大門內旁的位置，擺設四方型燈罩造型的壁燈，四方型代表「罡」，在五行中屬金，有正氣鎮守之意，與五行屬「火」的燈光溫度，來增加風水的能量，以抑制自己借錢出去、或減少人來借貸的機會。

保持廚房乾淨、清潔、採光、通風，避免借錢給他人

三、詐騙集團騙不到我

Q：台灣的詐騙集團實在猖狂，雖然大家都知道大部分的騙人手法，但是事到臨頭，還是有人被驚嚇、或一時糊塗被騙。如何將自己的財庫守住？怎麼樣的風水會出現容易被騙錢的問題呢？

破財的因素不勝枚舉，但有一種最常見的破財原因，就是被金光黨或詐騙集團騙錢，當然被親戚或朋友騙錢都屬同一種的破財類別，錢財得之不易，辛苦賺來的錢，當然要安安穩穩的放在自己的口袋裡才好。

容易被騙錢的風水

一、主管財庫核心的廚房陰暗、陽光透不進來、通風不良、垃圾發臭、蚊蟲滋生、蟑螂滿地跑或養寵物，是屬於積蓄會被詐騙的風水，上述的狀況愈多者、被騙的機率愈高。

二、大門內主管財路（財運）的內明堂（玄關的區域）陰暗髒亂，或入門後需經一狹窄陰暗的走道才到客廳，或玄關內開一窗通到室外，或大門一直線正對一窗戶通到室外，等於穿透內明堂，是屬於合夥、投資或合作關係被詐騙的風水。

破解法

只要勤於清潔打理，不要養寵物在廚房，設法採光通風，增加光線的亮度，就可以解決（一）的問題。勤於清潔打理，增加光線的亮度，並用窗簾完全蓋住窗戶，就可以解決（二）的問題。

佈置一個提升自己的警覺性，防止被騙錢的風水

若家中風水沒有上述的問題，但仍希望預防避免被詐騙的情形，藉由提升守住自己錢財的敏銳度，可降低被騙的機會或環境。

佈置法

一、保持廚房的乾淨、清潔、採光、通風。

二、可於廚房或內明堂擺放一個會旋轉的物體，旋轉的物體會讓周圍的氣流跟著旋轉，也讓人的眼光焦點注目於此，使自己提高金錢財物的警覺性，並用燈光投射該物器，利用燈光的光亮度及溫度使該物器增加更好的能量，來幫助風水的磁場讓自己不被人騙錢。

四、拒當信用破產的月光族與卡奴

Q：許小姐是個公認的敗家購物女王，薪水只有三萬二千元，但全身上下靠名牌充場面，薪水還沒入帳，信用卡已經快刷爆，好不容易到月底領薪水，只夠繳交卡費的最低繳款金額，以卡養卡惡性循環；如何靠著風水的力量，提升理財的智慧，不要當卡奴呢？

塑膠貨幣時代的來臨，也是全民舉債的來臨。古早年代的用錢習慣是有多少錢才能花多少，舉債得跟親戚朋友借，但也不一定拉得下臉借錢或能借得到。當信用卡與現金卡普及的時代來臨，銀行甚至鼓吹持卡人盡量借貸，借錢容易，不用顧及面子問題或看人臉色，先刷先借再說，導致現今全民舉債的現象，尤有甚者，不只是月光族，更是挖東牆補西牆的「挖牆族」，越補越大洞，比月光族還糟糕。

容易形成月光族的風水

一、主管財庫核心的廚房陰暗，像似倉庫、油漬污垢髒亂不堪，是屬於挖東牆補西牆的那一族。

二、大門內主管財路（財運）的內明堂（玄關的區域），堆滿了臭鞋子、臭襪子，簡直薰死人，亦或是在玄關或是入門後的陽台，堆滿雜物、廢棄物等，造成氣場不良，都是屬於月光族的風水，也是有錢就花掉的風水。

破解法

其實以上的兩個問題，都只要平時養成習慣勤於清潔打理，清潔乾淨整齊，就可以解決不良的風水問題。

蔡老師的小叮嚀

這個地方也給我們一個很重要的啟示，從打理居家環境來提醒自己打理錢財。居住的環境若疏於整理清潔，就像是你的財富疏於打點，人說「你不理財、財不理你」，別說賺錢，可能連積蓄都不保，就算你不相信風水，住家乾淨舒適不也賞心悅目嗎？

告別月光族的風水佈置

若是住家風水沒有上述的問題，但要防範自己變成金錢的奴隸、不但存不了錢還怕被債務追著跑，可以積極的在家裡佈置、增強能量。

佈置法

一、首先當然要比照上述的破解辦法，好好打理廚房及內明堂。

二、準備兩個撲滿，分別放在

準備兩個撲滿，避免成為月光族

廚房及玄關位置，每天投入一枚新台幣的硬幣，縱使一元、五元或十元都好。重點是讓自己在主管財庫與財路的風水位置，聚集存錢的能量，同時也每天提醒、催眠自己要存錢，讓風水能量加上實際動作，一步步地告別月光族。

蔡老師的小叮嚀

現代人生活條件好，很多人都有亂花錢的壞毛病，這是個性問題及長期不自我節制的結果，因此想要改變自己，除了從風水的方法著手之外，藉助存錢的實際行動，發揮「存錢」的意志力與行為力「雙效合一」，一塊錢不嫌少、一百元不嫌多，在潛移默化中，日積月累下來，就能破除魔咒，告別月光族或挖牆族了。

五、財源滾滾來，輕鬆賺錢

Q：老邱每天工作超過十小時，不時還要熬夜加班，才能領到一份死薪水，因為長期睡眠不足，身體健康出現警訊。他常常怨嘆自己運不如人，反觀大學同學老孫，輕鬆上班月入十萬，還有餘力兼差賺外快。如何才能輕鬆賺到錢呢？

賺錢的速度與輕鬆與否，先決條件是要看個人的專業與智慧及賺錢的策略（方法），接著就是賺錢的運氣，有好的賺錢條件加上好的運氣，賺錢就會輕鬆許多，如果沒有好的賺錢條件，又沒好的賺錢運勢，當然賺錢就會像賣命一樣，勞苦到生出病來。

容易出現賺錢會很勞苦的風水

橫樑橫跨過大門內主管財路（財運）的內明堂（玄關的區域），或內明堂的區域內擺設時鐘，都是屬於辛苦賺錢的風水。

破解法

如果內明堂的樓板夠高的話，可以利用裝潢將橫跨的橫樑用天花板包起來，讓橫樑不外露。若不允許改變裝潢，可於橫樑的正下方牆面上，裝設朝天壁燈，將燈

朝天壁燈化解橫梁壓力

光向上打；或釘一個層板，在層板上擺設一盆小盆栽，或天然柱型水晶，利用光或植物的生命力或水晶的物理能量，來反推橫樑所延伸下來的壓力。如果是掛置時鐘，就把時鐘移開，便可以解決賺錢勞苦的問題。

引申

橫樑是整棟建築物重量、壓力集中的地方，因此若主管財路的內明堂有橫樑或直或橫的延伸的話，就像是賺錢的時候，肩上挑著極重的負擔，當然輕鬆不起來。至於內明堂內有時鐘，則像是賺錢的腳步有如秒針一般滴答轉著、馬不停蹄當然會很勞苦。

提升自己賺錢的智慧與行為能力的風水佈置

如果風水上沒有太大問題，稍做變化可以增加自己輕鬆賺錢的能量。

佈置法

一、將大門內主管財路（財運）的內明堂（玄關的區域）打理清潔、整齊、乾燥，燈光加強白光的明亮度。

二、可於大門內主管財路（財運）的內明堂（玄關的區域）擺放有流水的器物（風水盆、流水盆、湧泉或養魚），或手工寫實畫風的風水流水油畫，或天然黃水晶圓球。

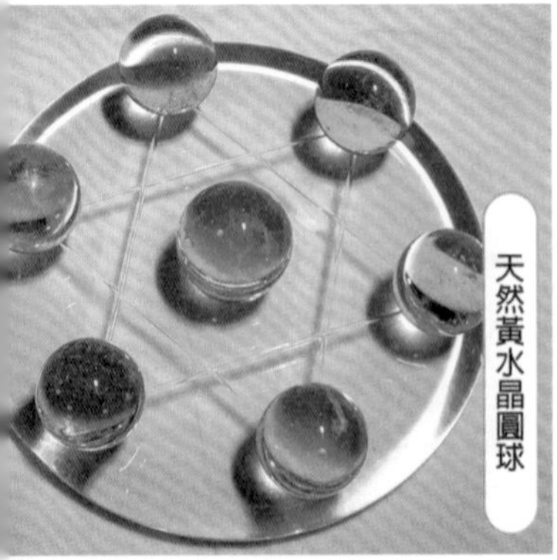
天然黃水晶圓球

六、不因幫子女背負債務而破財

Q：洪先生每月給太太二萬五千元家用，洪太太省吃儉用，存下一百萬元，沒想到兒子欠銀行卡債，洪太太為了幫兒子，辛苦存了五年的私房錢又全沒了；洪太太早就放棄「養兒防老」的想法了，只求私房錢能穩穩當當的放在口袋裡，臨老別再為子女債務傷腦筋了。

容易出現不得已須幫兒女償債的風水

將住宅面積平均分割成九宮圖，以「井」字型格出九個方位，利用指南針找出每個格子的方位，主管財庫的廚房，若壓在代表母親卦位的「西南位」，（父親的卦位是「西北方」），主掌爛事的廁所壓在代表長男卦位的「東位」，則代表母親積蓄不保，將會為長男償債；廁所壓在「東南位」，則母親將會爲長女償債；廁所壓在「北位」，則母親將會爲二男償債；廁所壓在「南位」，則母親將會爲二女償債；廁所壓在「東北位」，則母親將會爲三男償債；廁所壓在「西位」，則母親將會爲三女償債。

破解法

首先將廚房及廁所打理清潔、乾燥、乾淨、除穢，併於廚房及廁所放置約略五公斤的黃水晶碎石頭，用來招財。

破除為兒女償債的風水佈置

佈置法

一、在兒女的房間擺放梳妝檯，不可將廁所內的洗臉檯充當梳妝檯。

二、取一容器裝水種地瓜，放在兒女的梳妝檯上，讓地瓜冒芽生枝，當成室內植栽。地瓜很容易發芽，長出枝葉，此爲希望子女能自己聚集錢財、自己掌理，象徵子女有能力處理好自己的財務狀況。

七、遠離因運氣不佳導致的破財

Q：伍小姐最近很倒楣，鄰居經過她門口踩到她放置的鞋子扭傷了，要她賠。樓下漏水也要她賠，停車時前面有輛被撞倒的機車，也說是被她撞，要她賠，讓伍小姐氣極了。莫名其妙的破財接連而來，是不是風水上出現什麼不好的影響？有沒有破解的辦法呢？

福不雙至、禍不單行，某些人常面臨非戰之罪的金錢開銷，破財的原因都不是自己花錢享受，也不是因爲投資失利，卻是爲了一些很背的事情，不得不花錢消災、解決問題。

容易出現不得不花錢消災的風水

主管財庫的廚房，水槽下面的排水管路有廢水積留、潮穢、骯髒的問題，都會因爲背事不得不花錢消災。

破解法

只要將水槽下面的漏水、清潔、除潮穢的問題解決就好了。

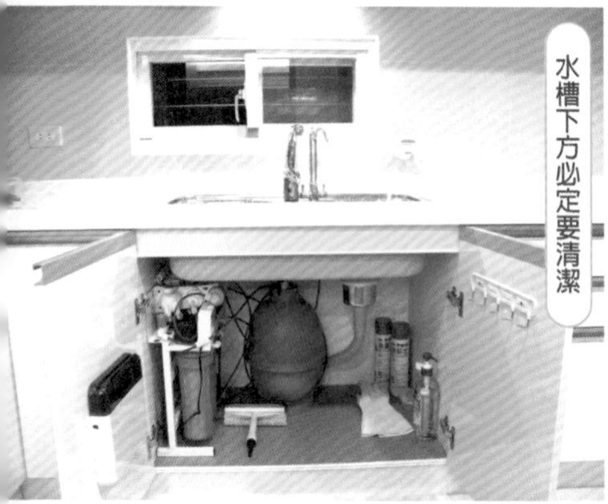

水槽下方必定要清潔

佈置一個背事爛事不上門，破除不得不花錢消災的風水

若沒有上述的風水狀況，那就積極的營造背事爛事不上門的風水吧！

佈置法

一、將廚房的水槽裡面、下面管路，以及櫥櫃打理清潔、保持乾燥、除去穢氣。

二、於水槽下面遮掩管路的櫥櫃裡，放置一根具有防煞功能的骨幹水晶來抵擋破財的災難事。

八、到手財運飛不掉

Q：營造業老闆趙先生手上一筆數千萬的工程，原本已經談定了，不料卻只因為合約上的一個小細節，一筆年度大案子就此飛了。趙老闆左思右想參不透為什麼？難道是剛搬了新家，在風水上碰到不好的禁忌問題嗎？要如何自我檢視？

業務上快要到手的錢財，都可以飛了，這就是外財帶破。

會出現到手的財運易飛掉的風水

主管人際公關業務的外明堂（大門外面的空間），有沖煞物（消防栓、路沖、屋角、壁刀、電線竿）正對著大門風水（主管事業）一直線的射過來，大門一打開，當然又射進門裡主管財路財運的內明堂（玄關的區域）。

外門堂有消防栓或是對著路沖、壁刀會漏財

破解法

在沖煞物的前面用一盆盆景或屏障物擋住，阻擋沖煞物對大門的沖射，但若是壁刀或是屋角的沖煞則需在大門門片外面貼一個約略十公分直徑的凹透鏡（倒轉）或凸透鏡（反射），來倒轉或反射沖煞物。

引申

住家大門外正對著沖煞物，造成的影響很大，沖到大門外的外明堂、大門、大門內的內明堂，這三個區域分別代表的人際關係、事業、財運都受到衝擊。

到手財運飛不掉的風水佈置

如果大門外沒有沖煞物，可更進一步穩住快到手的業務進財而不節外生枝的風水佈置。

佈置法

一、將外明堂及內明堂打理清潔、乾燥、除穢氣。

二、於外明堂及內明堂各擺設一盆黃色品種的金桔盆景，代表生意會開花結果。

擺設金桔盆景利於業務進財

九、老闆，幫我加薪吧！

Q：黃先生工作認真，但老闆好像老是忘記替他加薪，數年來薪水數字不動如山，黃太太急在心裡，耽心老闆是有意無意的故意忘記這件事；什麼狀況下員工容易碰到「再努力都難加薪」的困境？

工酬要平衡，才有公平和諧的勞資關係，當我們工作量的付出或成績的表現很優秀的時候，唯一的期待就是老闆能幫我們加點薪資，可是當我們每夜爲這事惦念不忘的時候，老闆總是睡一覺就遺忘了，不知是眞忘了還是故意置之不理，又很難爲情的對老闆提出加薪的要求，希望風水的能量帶來加薪的機會是做得到的。

辦公桌的位置出現「再努力都不被加薪」的風水

辦公桌「一直線」背對大門、廚房或廁所門。公司大門內的空間也就是公司的內明堂，主管公司財路財運，廚房主管公司的財庫，廁所主管公司的爛事能量，所以當辦公桌座位背對大門、廚房門或廁所門，在暗地裡就是不易加薪，或老闆打馬虎眼故意忘記。

辦公桌忌背對著大門

破解法

移開座位，如無法移開座位，可於辦公桌的座位後方擺設盆景或屏障物，擋住公司大門、廚房門或廁所門一直線正對。如無法擺設盆景或屏障物，則可改用高椅背的座椅，並在椅背上披一件穿過的外套，表示有替身擋掉煞氣。

佈置一個努力工作並很快就獲得加薪的好運風水

佈置法

一、可於辦公桌上放置天然黃水晶圓球的七星陣。

二、可於辦公桌上擺設圓形肚大口小的魚缸。

十、業績紅不讓，獎金領不完

Q：新婚的小馬是保險業務員，底薪並不多，收入全靠紅利獎金、業績獎金才夠養家活口，小馬的另一半阿美很想要生孩子，雖然小馬工作已經很拚了，但小美還是希望藉由風水的能量幫助小馬事業順利、獎金拿不完，好多存點奶粉錢，讓小馬業績紅不讓。

幫助增加業績獎金、紅利獎金的風水佈置

業績族必須一步一腳印靠著自我的努力，才能得到更好更多的回報，以下的方法適合所有業績族，提振自我更上一層樓。

佈置法

一、可於辦公桌上放置天然黃水晶柱形的七星陣。

二、可於辦公桌上擺設圓型的魚缸，皆是強壯自我、迎接挑戰、衝鋒陷陣的能量。

十一、樂透頭獎在我家，旺偏財運

Q：王先生統一發票每月槓龜，樂透總是廢紙一張，參加抽獎活動都是白花郵票錢，買股票、基金每買必賠，請問要如何招來偏財、旺財運呢？

幫助獲得偏財的風水佈置

佈置法

不論是想中樂透、或是想在股票、基金的投資上獲利，可於大門內的空間，擺設天然黃水晶柱形的七星陣，或黃色鮮花，或於內明堂的牆面裝設一盞壁燈，選用燈罩使燈光的呈現猶如蛋黃般的光澤，擇一擺設即可旺偏財運。

蔡老師的小叮嚀

若是家中空間足夠，以上三種方法可全部用上，但如果空間不大，則不宜。

十二、開店大吉，人氣買氣旺旺來

Q：張先生自己開店，但是他不太相信風水，張太太急在心裡，又怕第一次做生意的老公，生意不好、賺不到錢。有沒有什麼不是太明顯（怕鐵齒的老公生氣）、又能增加買氣、幫助財運的風水佈置方法呢？

幫助生意招財的風水佈置

佈置法

可於店門內外都擺設黃色的太陽花或小向日葵鮮花，並且花瓶用天然黃水晶碎石墊底。

引申

店門外是屬於外面的客人、店內則是財路財運，開店做生意一定要有人氣才能賺到錢，因此在店門內外都要放上代表招財的黃色鮮花，又以向陽的太陽花和向日葵在吸附錢財最有代表性。

十三、投資股市漲停板，理財一級棒

Q：黃小姐在外商公司上班，薪水很不錯，但是她總存不到錢，總是莫名其妙的錢就花掉了，她痛下決心理財買海外基金，結果卻買在美金最高點，投資國內股市時市場一片看好，等到她買了，卻一路下滑又被套牢了。黃小姐的財運實在不怎麼樣，如何靠著簡單的風水調整，幫助黃小姐能夠投資獲利呢？

想要增加自己的錢財，不外開源與節流，妥善的分配自己的所得，該花的花、不該花的也絕不亂浪費，行有餘力者再去投資，才能發揮槓桿原理，增加財富，畢竟銀行定存的利率實在太低了；但是投資一定要睜大雙眼，否則辛苦賺來的錢有如江水東流，就太不划算了。

愛花錢的風水

梳妝檯在風水主私房錢，也是表示帳戶裡口袋裡的錢財。如果梳妝檯搖搖晃晃或是已經不堪使用，非常不牢固，代表帳戶或口袋裡的錢財不安穩，很容易被花掉。

破解法

換一個牢靠的梳妝檯。

投資（股票、基金、匯率、金鈔、期貨）失利的風水

瓦斯爐一直線正對或緊貼冰箱、水槽，未隔開達五十公分以上。

破解法

使兩者不要一直線正對或緊貼即可。

引申

投資會失利代表財庫受損，原因是瓦斯爐和冰箱或水槽正對著或是緊鄰著，前者屬火、後兩者屬水，水火相剋，容易造成因投資釀成財產的損耗。

改善亂花錢習慣的風水佈置

佈置法

於牢靠耐用的梳妝檯上擺設銅鑄的四方型物器，並用夜燈照射。

幫助投資（股票、基金、匯率、金鈔、期貨）帶來好運的風水佈置

佈置法

只要廚房整齊、乾淨、乾燥、採光通風、無穢氣，廚房門及廚房內後

門不一直線正對火爐或其他門窗，瓦斯爐不一直線正對或緊貼冰箱、水槽、窗戶，橫樑不壓制瓦斯爐，廚具堅固耐用，廚房白光燈光明亮，不養寵物在裡頭等等，就有幫助投資獲利的基本能量。

十四、省吃儉用存私房錢

Q：小莉結婚之後，先生便要求她退出職場，以家庭為重，當沒有薪水的全職家庭主婦，卻讓小莉感到沒什麼安全感，因此她省吃儉用的想偷偷存點私房錢，而且不被老公發現。請問想要增加私房錢，在風水上要注意的事項有哪些？

主婦存私房錢，我想是身為太太身分的一項必修功課，一來讓可能沒有事業或工作的自己，有一份安全感，二來當先生有不時之需或家庭需要救急時的預備金。

存不了私房錢，或會被老公發現的風水

一、沒有梳妝檯或梳妝檯不在臥房內，或擺在廁所、更衣間內者。

二、梳妝檯凌亂不堪，抽屜潮溼發霉都是存不了私房錢的風水。

破解法

改善上述的問題。

私房錢易被另一半發現

梳妝檯鏡面一直線正對床鋪正面。

破解法

移開梳妝檯或於鏡子上掛置鏡簾。

引申

梳妝檯代表個人隱私、放置個人手飾財物之地，因此在風水上代表私人財庫或是內心感情私密之處，也就是私房錢。若是梳妝檯放在空氣不流通的更衣間內，還可能將大部分的金錢花在衣飾、皮包等奢侈品上面，而留不住錢。梳妝檯擺放在臥室的其他地方，則代表私房錢不在自己身邊。

多存私房錢，又不被發現的風水佈置

佈置法

一、避開上述的不良的梳妝檯位置，並且不要一直線正對任何門或窗，同時不要置於樑底下或貼柱，才不致在存私房錢時背負很大的壓力。

二、梳妝檯要堅實穩固耐用，梳妝鏡面要用固定式、大一點，並用一盞燈打亮鏡面，或在梳妝檯面或抽屜裡，擺設天然黃水晶七星陣圓球，將可招來並儲存私房錢。

十五、家有敗家子，掏空家產

Q：達明家境富裕，但交了一群酒肉朋友，到KTV唱歌、吃飯、喝酒都是達明買單，女友看他很凱，帶他進精品店狂刷卡，當然都是達明付帳，達明覺得自己當老大挺神氣的，但老媽看兒子如此敗家，帶著狐群狗黨吃喝玩樂，講也講不聽、管也管不住，老媽想利用風水潛在的能量，讓兒子在潛移默化中，花錢時稍微有點節制，不要老當冤大頭。

凱子有兩種，一種是糊裡糊塗、被酒肉朋友擺明著吃他、坑他，另一種則是自己樂在其中，不以爲意；這二種凱子的家人，肯定都是不能接受。

當凱子的散財童子風水

一、當事者的臥房門正對廁所門，是酒肉饕食，冤大頭的凱子。

二、當事者的臥房門正對大門，是呼朋引伴，快樂逍遙的凱子。

破解法

門對門之間放個屏風或屏障物，或隨手關門加置十分之九長的布門簾，門框頂上掛置一顆約略四到五公分直徑的天然水晶圓球（只要避開桃花類水晶、非粉水晶皆可），裝在中國繩編成的網袋裡，以不會碰到頭部為原則，製造有如風牆一般的能量。

破解當凱子的散財童子的風水佈置

佈置法

當事者的臥房門內區域（房門的內明堂，主當事者個人的財路風水）較明顯的位置，裝設一個壁燈，並於壁燈旁掛置或擺設一個存錢筒或撲滿，每天由當事人存入一個銅板。利用風水的能量及實際積蓄的動作，雙管齊下、裡外兼修，不停的提醒自己要存錢。

十六、一切向錢看，唯利是圖

Q：小群是個看錢很重的人，眼裡只有$的符號，天天要人請客，努力地A別人的錢、但自己卻又超級小氣，根本就是個守財奴。小群的女朋友認為他事事都好，就只有這點不太好，除了個性因素外，跟環境佈置也有關係嗎？那又要如何改善呢？

在金錢上，這世界上有兩種很好玩的極端人物，一種是賺多少就花多少，甚至還沒進帳就先借款出來花，反正人生在世不要虧待自己先享受再說。另外一種人是恰好極端的相反，把所有的時間精力和體力都用在努力賺錢上，好像生命的存在就是爲了賺錢，賺到了錢也只是苦苦的守住，捨不得花用，甚至慰勞自己一下都覺得浪費奢侈，十足就是個錢奴隸。

出現當錢奴隸的風水

一、大門緊貼廚房門。

二、梳妝檯緊貼房門。

破解法

一、隨手關門加置十分之九長的布門簾，門框頂上掛置一顆約略四到五公分直徑的天然水晶圓球，或於大門與廚房門之間擺設一盆植栽或天然水晶飾品。

二、將梳妝檯移開，或在梳妝檯與房門間做一屏障。

引申

大門緊貼著廚房，或是梳妝檯緊貼房門，都代表錢一進帳就立即入庫，即使是必須花一點錢製造生活樂趣，都被視為不可行，因此就會將錢看得很重，一切向錢看齊。

破解當錢奴隸的風水佈置

佈置法

經常於大門內的玄關區域或梳妝檯擺設各種綜合顏色的鮮花，利用各式各樣的鮮花具有多彩多姿的能量，讓人心情有所轉換。

玄關擺設各式鮮花避免當錢奴

十七、守住老公的錢不外流

Q：李太太陪老公打拚一輩子，有錢了之後，先生到大陸發展，太太管不動先生，但至少希望她用青春打拚下來的成果，不會落到口袋空空的地步。在另一半不常住在身邊的情況下，如何利用風水擺設讓李太太守住先生的錢，而不是外流到別人的口袋裡去？

老公的錢守不住的風水

先生睡在靠臨房門的位置，而臥室房門又緊貼或正對廁所門或大門。

破解法

在先生躺臥的位置與房門之間，裝設一展壁燈或檯燈，或放一屏障物。房門與廁所門、或房門與大門之間放置屏風或屏障物，隨手關門加置十分之九長的布門簾，門框頂上掛置一顆約略四到五公分直徑的天然水晶圓球，或於房門與廁所門、房門與大門之間擺設一盆植栽或天然水晶飾品。

屏風可阻擋煞氣

守住老公錢財的風水佈置

佈置法

不論老公人在何方（若另一半長年都在外地，需佈置在他常住的居所才有效），在他習慣睡的床位的床頭，左右邊加置床頭邊低櫃，櫃上擺設檯燈。臥房裡需要有梳妝檯，梳妝檯鏡面不一直線正對任何門窗，或放置在更衣室或廁所裡。梳妝檯的檯面上擺設天然茶水晶七星陣圓球，抽屜擺設天然黃水晶七星陣圓球及太太的照片，照片背面用紅色油性簽字筆寫上太太的姓名，並用吹風機熱烤一下（本張照片需先放於太太的枕頭下壓睡七天以上）。這樣就可以讓太太達到代先生看守財庫的目的了。

床頭櫃上擺設檯燈有助於守財

十八、房市上揚，好價格賣房子

Q：呂太太有棟房子屋況良好，但是就是位置稍微偏遠了一點，呂太太不想再背著房貸壓力，想要小賠脫手算了，可是偏就乏人問津，即使有人出價，價錢也拉抬不高；呂太太想知道怎樣擺設風水可以讓房子賣出好價錢？

除非房屋有具體的問題存在，否則只有賣不出去的價格，沒有賣不出去的房屋，所以房屋能不能賣得出去，最大的關鍵還是在價格，但要廉價出售求得成交，是一般屋主所不願意也不接受的事，每一個屋主都希望賣出超好的售價，這時候反過來是買主不接受，所以如能利用風水的能量，來協助房屋出售時能取能較優的價格，將是一個關鍵。

增加房屋銷售成交利潤的風水佈置

佈置法

首先將銷售的房屋裡裡外外清理乾淨，大門裡外的空間區域點亮燈光，並於大門內的玄關區域擺設流水（例如風水盆、養魚），或者放一盆去葉見梗的開運竹，容器內鋪天然黃水晶碎石即可。

事業發達篇

飛黃騰達、升官晉爵的十個要項

人，從工作中獲得成就感、社會地位、金錢，也從中肯定自我價值，事業對大部分的現代人而言，等於第二生命。工作的成效、辦公室裡的地位高下、能不能從工作中得到相對的理想報酬？天天左右著情緒的起起伏伏，操縱著千萬家庭的喜怒悲歡。

主掌事業運勢的風水關鍵位置：外明堂（大門以外的空間）、大門、內明堂（入門後的玄關）。大門外的空間（外明堂）主事業發展運；大門是進出的唯一通道，也就是這一家人對外的人際關係，大門象徵的是人生前途、主掌事業；大門內的玄關（內明堂）主的是因為事業衍生而來的金錢財物，即主財路、財運的地方。

有助於事業運的水晶：綠幽靈水晶
開啓因工作而來的財運：黃水晶、魚缸

一、業績族增加財運、預防客戶被攔截

Q：林先生從事房屋仲介業，盯了二個多月的屋主，眼見就要成交了，偏偏在最後關頭，陰錯陽差的被公司同事從中攔截，讓林先生十分氣悶，為何努力半天最後卻無法開花結果？林先生自認努力百分百，同樣的情形卻重複發生，他想要藉重風水力量來改善自己的運勢，需要注意的事情有那些呢？

業績族（包含壽險、仲介、業務開發者）需時時留意客戶的動態，一不小心就容易造成功敗垂成的結局，因此除了要防止客戶被搶走，還要增加業績族的財運。

增加自己的財運

破解法

在靠走道的辦公桌上放置圓形的魚缸，養四或六條黃色、或橘色、或金色系列的同種魚，可增加財運。

杜絕業務被人強取豪奪

破解法

在辦公桌上正前方橫擺一隻銅製的拆信刀或模型劍（刀劍柄在右手方，左撇子在左方），提振競爭力與挑戰力以突破困境，預防並護守客戶不易被競爭對手搶走。

引申

水在風水中主財，但循環的活水才有效，魚缸中養魚，有魚就有生命、就有能量，而同種類的魚磁場接近、能量聚集效果較佳；四或六的數字在五行中屬金，水屬水，金、黃、橘色系列屬土，用顏色的（土）來生數字的（金），然後再生出那一缸的（水），代表財源滾滾而來。

魚缸放置在走道邊的用意則是，人走動、空氣對流的地方氣場的循環較好，而業務需要流通；圓型的魚缸代表圓融，氣氛融洽才能談成生意，所以要用圓型，圓融才能和氣生財。

蔡老師的小叮嚀

一、魚缸的大小視桌面而定，大小比例要看得舒服就對了，魚缸太小沒力量、太大不但突兀，也造成精神壓力，適得其反，恰到好處才是好風水。

二、預防客戶被搶走，採用的道具則挑選「武器」類的刀劍，橫擺於辦公桌前緣的位置，代表保護自己、也有起而進攻的意義與能量，提醒自己緊盯住客戶、防止業務疏漏造成損失；刀柄放於右邊，若是左撇子則置於左側，表示垂手可得之意。

選用銅製的道理則是在金屬當中，銅的導電與聲波傳達效果是最優的，能量能夠快速流通、磁場的延伸性也最強。

蔡老師的啟發

從刀劍柄的擺置可以印證孫子兵法中「以己之右，攻彼之左」的道理，所謂順水推舟、順勢而為；找出自己的長處、發揮自身的優點，積極掌握自己的機運，比捨近求遠地繞了一個大圈子更能夠接近成功。

業績族靠累積客戶、獲得業務、贏得獎金，不斷的自我提升與加油打氣，才能凝聚再「拚」下去的能量；每天的自我警惕、勉勵之外，藉由視覺上的自我暗示，激發自己對渴望成功的腦波形成磁場，讓自己永遠處於ready to fight的狀態。

二、老闆重用一如往昔，絕不始亂終棄

Q：經濟不景氣，公司過多的人力成了一大負擔，五十三歲的王先生原是中高階主管，老闆指示他從部門裡裁員廿名，王先生很痛苦的完成了老闆的任務，最後老闆將老王叫進辦公室裡，原來他是被裁員的第廿一個人。經濟不景氣，中年失業的問題成了人人都怕的惡夢陰影，想要增強自己事業的能量，在工作上不被老闆淘汰，風水上如何佈置？

家中的大門是人進出的唯一通道，也就是這一家人對外的人際關係，因此在風水中大門象徵的是人生前途、主掌事業；因此無論何時，家中大門外的空間（也稱外明堂）都應隨時清理乾淨、同時光線充足，這是求取事業亨通最基本的條件。

害怕工作面臨被淘汰的命運

破解法

將大門外的燈光打亮（白光），並用一盞投射燈投射大門，在門外旁不礙空間的位置擺設一盆去葉見梗的開運竹，有助於穩定工作不被淘汰，縱使被淘汰也很有機會在短時間找到接續的工作。

害怕被老闆像吃口香糖一樣的始亂終棄

破解法

在住家大門上裝設投射燈，選用有透明玻璃蓋片的素材，在蓋片上用紅色油性簽字筆寫上「罡」字，讓文字透過投射燈放大後照映在大門板上。或用油性紅色細字簽字筆，在開運竹的竹節梗上寫上「罡」字，可抵擋在職場上面臨到長官或老闆對自己有小人行爲的對待。

引申

在大門外的天花板上設置一盞石英燈泡的投射燈，（白光屬冷性光，理性光、投射燈具集中加強的作用），將大門打亮，有放大的效果，有光有熱就有能量，代表前途無量。放置開運竹則取其節節高升、頂天立地之意，代表事業將百尺竿頭更進一步。

蔡老師的小叮嚀

一、要注意大門外擺放開運竹時，切記不要阻礙到進出的空間，若是造成出入的狹迫感，即使帶動了事業，但會奔波勞碌，反而衍生出其他的問題來。如果住家大門外是沒有窗戶的密閉空間，大門外的投射燈在白天也要時時點亮。

二、在此案例中，王先生先被利用再被拋棄，有如口香糖，甜度不再就被丟掉，因此要破解老闆對自己做出不仁不義的行為，可以在上述方法中，加強事業的穩定度，「罡」字代表天地左右四個定位，也就是上下左右、東西南北，有如打樁下地基一般，有擋煞去煞、鎮壓不正之氣的作用，透過投射燈打在門板上，有擴大的效果，取其溫度與光的能量讓「罡」字吸附在門上，增加事業的穩定度，不被始亂終棄。

至於在開運竹寫「罡」字的用意，則是利用植物的毛細孔的呼吸成長，將能量釋放出來。

蔡老師的啓發

我常常被問到的一個問題：什麼才是好風水？

其實答案很簡單：一個光線充足、空氣流通、擺設舒適的空間就是好風水，進出的通道保持清潔乾淨，不論是外人或是自己看起來是舒服的，在心境上也會隨之開朗舒暢，反之若是堆積雜物、滋生蚊蟲，進出不易，當然就稱不上好風水了。

上班族朝九晚五每天進出自己的居家外出打拚，早上蓄勢待發的出門，迎面而來的若是乾淨舒適的環境，一整天心境跟著清朗愉快；反之若是看著連自己都無法忍受的髒亂，想必上班賺錢的心情也會蒙上一層灰暗的色彩吧！

三、工作上面臨被上司壓榨、公器私用

Q：小高是公司新進人員，上班時間被資深的同事要求處理私人事務，像是採買私人物品、接送小孩……等等。小高認為是幫小忙也就算了，沒想到後來變本加厲，同事竟要求小高將個人帳戶借他使用，小高基於自己是新人，不敢得罪，敢怒不敢言，可是也怕日久會出事，可以用什麼方法避免這種情況繼續下去？

公私不分已經讓人生氣，但偏偏就有那種利用權勢、半逼迫下屬去做非份內之事，甚至涉及不法的勾當，令人坐立難安。

工作上面臨被上司壓榨、公器私用

破解法

到禮品行買一塊銅製的模型盾牌，並在盾牌上用黑色油性簽字筆寫上「罡」字，再用吹風機熱風烘烤，之後將模型盾牌擺在自己辦公桌上離該位長官或老闆距離最近的桌上位置點，並向該長官或老闆的座位方向擋去。如要效果更佳，可選用與該長官或老闆的出生年份（五行）相剋的日期（附表一），來擺設該盾牌，形成一股剋制之氣。

例如，老闆是民國七十三年出生，屬金，而火剋金，因此參照表格中屬火的日期將盾牌擺上，例如戊子、己丑都是屬火的日期，參照黃曆上的日期就可以選到適合的日子。

附表一

長官年次五行屬性	長官民國農曆年次	長官年次干支（可用於日期）	日期干支的五行選用
金	13、73　14、74　21、81　22、82　29、89　30、90　43　44　51　52　59　60	甲子　乙丑　壬申　癸酉　庚辰　辛巳　甲午　乙未　壬寅　癸卯　庚戌　辛亥	請選用屬「火」的干支日期來剋金（對象的五行）
木	1、61　2、62　9、69　10、70　17、77　18、78　31、91　32、92　39　40　47　48	壬子　癸丑　庚申　辛酉　戊辰　己巳　壬午　癸未　庚寅　辛卯　戊戌　己亥	請選用屬「金」的干支日期來剋木（對象的五行）

長官年次五行屬性	長官民國農曆年次	長官年次干支（可用於日期）	日期干支的五行選用
水	3、63 4、64 11、71 12、72 25、85 26、86 33、93 34、94 41 42 55 56	甲寅 乙卯 壬戌 癸亥 丙子 丁丑 甲申 乙酉 壬辰 癸巳 丙午 丁未	請選用屬「土」的干支日期來剋水（對象的五行）
火	7、67 8、68 16、76 23、83 24、84 28、88 37 38 45 46 53 54	戊午 己未 丙寅 丁卯 甲戌 乙亥 戊子 己丑 丙申 丁酉 甲辰 乙巳	請選用屬「水」的干支日期來剋火（對象的五行）

長官年次五行屬性	長官民國農曆年次	長官年次干支（可用於日期）	日期干支的五行選用
土	5、65	丙辰	請選用屬「木」的干支日期來剋土（對象的五行）
	6、66	丁巳	
	19、79	庚午	
	20、80	辛未	
	27、87	戊寅	
	28、88	己卯	
	35	丙戌	
	36	丁亥	
	49	庚子	
	50	辛丑	
	57	戊申	
	58	己酉	

例如：老闆是民國七十三年出生，從表格可查出七十三年次為「甲子」年，五行屬「金」，在屬金的表格中告訴我們，使用屬「火」的日期來剋「金」（老闆的出生年之五行），因此參照表格中找出屬「火」的干支日期，有「戊午、己未、丙寅、丁卯、甲戌、乙亥、戊子、己丑、丙申、丁酉、甲辰、乙巳」等日期，我們再從農民曆或有記註日期干支的日曆來核對，上述的干支日期，是在農曆或國曆的幾月幾日（數字日期），將盾牌於該日期擺在自己的辦公桌上。（只需出生年即可）

引申

盾牌的用意在於防衛、保護自己，銅質能量較佳。而黑色則是可以抵擋所有顏色、是可以擋煞的顏色。用吹風機烘烤的用意是利用溫度將罡字吸附在盾牌上，賦予能量、加強能量，就有如去寺廟的香爐過火是一樣的意思。

蔡老師的小叮嚀

放置盾牌時切記要將盾牌的正面對著老闆或長官的辦公桌，若是放反了，就變成老闆或長官來防衛自己了。另外，調整此風水時注意不要太招搖，可以買歐式、藝術化的盾牌隱身在桌上小擺飾當中，才不致於節外生枝。

四、找出人生未來的方向

Q：小宣大學畢業之後，就進貿易公司上班，薪水四萬元，看在仍找不到工作的同學眼中，小宣已是幸運兒了，但小宣卻一點都不懂得珍惜，做事摸魚不認真，只是被上司講了幾句，小宣就遞辭呈不幹了，如今小宣做做停停，一年內已經換了四個工作了，小宣的媽媽希望利用風水的能量，讓小宣穩定下來，找到人生的目標。

大門代表全家人的事業，所以在大門上調整風水，全家人都會受益，如果是針對個人的話，將上述方法用在個人房間門上也是可以的。

開展事業運、找到人生目標

佈置法

首先必須把大門外的空間清理乾淨開闊，最好是通風及採光佳，將大門外的燈光打亮（白光），並用一盞投射燈投射大門，投射燈選用有透明玻璃蓋片的素材，在蓋片上用紅色油性簽字筆寫上「魁」字，讓文字透過投射燈放大後照映在大門上。

門板上再貼一個直徑約五公分大的凸透鏡，凸透鏡對準投射燈的中心點。將所投射出來的魁字投射光再一次的投射放大伸張開來，讓事主在開創事業前程時，更能把握方向，未來將是一片光明。

引申

有流通的空氣就是好風水，而「魁」是一顆星，魁星代表的就是人生前途光明，有助於看到人生未來方向，但這樣還不夠，加上凸透鏡的用意就有如打氣功一般，有將能量吸進來再發揮出去的效果。至於主掌事業一定要採用白光，白光屬理性光，工作當然需要理智思考，若是採用黃光、感性光的話，在工作上太過隨性而爲，容易導致不敬業。

蔡老師的小叮嚀

凸透鏡不要選用太大的，五公分即可，貼得太大會讓鄰居心生畏懼。如果還是覺得怪怪的，可以將凸透鏡的四周稍加美化，變成門上的裝飾品，就不會太過明顯。

五、爲自行創業加分的風水佈置

Q：在科學園區上班的小丁，當員工當了廿年，正思索著要自行創業，開一家電子公司，丁太太希望藉助風水的力量，幫助小丁在領人薪水時，旺事業旺財運，自己當老闆時，坐擁創業運及老闆運。

自行創業，要從中賺到錢才算成功，旺事業的同時也要增強財運。

於住家大門外及玄關處加強自行創業的好風水

佈置法

一、將大門外的燈光打亮（白光），並用一盞投射燈投射大門，投射燈選用有透明玻璃蓋片的素材，在蓋片上用紅色油性簽字筆寫上「盛」字，讓文字透過投射燈放大後照映在大門上。

二、另外於大門外旁不妨礙空間的位置擺設一盆去葉見梗的開運竹，在大門內的玄關區域裡擺設黃色系的鮮花或天然黃水晶圓球的七星陣組，或養魚或擺設流水的風水盆，可協助創業順利兼招財。

上班族旺事業運及財運，調整風水於辦公桌上

佈置法

在辦公桌上不礙空間的位置擺設一盆去葉見梗的開運竹，或天然綠幽靈水晶圓球的七星陣組合，可爲工作帶來好運。擺設黃色系的鮮花或天然黃水晶圓球的七星陣組，或養魚或擺設流水的風水盆，是增加財運的能量。

引申

「盛」字是一個成字在一個皿字上面，代表成功滿溢、很盛大的意思，這是文字的能量。黃色系有招財的作用，不論是玄關內擺放鮮花或黃水晶七星陣、或魚缸、流水的風水盆，任選一種、任何素材都可以，只要挑選和家中的裝潢風格相近的就好。

蔡老師的小叮嚀

想要在工作上獲得更好的工作運和財運，也就是要求事業順上加順、或是獲得升遷的機會，可採用圓型的水晶七星陣，但若是遇到強大的競爭對手，爭取大型標案或客戶，或是上班族面臨升遷或是職務調整的時候，代表你進入了積極的備戰狀態，此時就將圓型的水晶七星陣換成尖型的金字塔型七星陣。

六、凝聚升遷能量，拒當別人升遷的墊腳石

Q：小葉是辦公室公認的濫好人，他將工作同伴都視為好友，不論什麼事小葉都願意替同事Cover，吃點虧也無所謂，等到有天發現同組的同事紛紛高升時，只有他還在原地踏步；老闆明白告訴小葉，他的積極度不足、EQ有待加強，什麼樣的風水容易出現工作積極度不足的結果？如何改善？

可憐之人必有可悲之處，如果在工作上欠缺積極性、又少了一點敏感度，原地踏步恐怕也怨不了別人。

預防被同事踩著頭往上爬

佈置法

只要在辦公桌上，擺設一組天然綠幽靈水晶的金字塔造型的七星陣，利用水晶的物理能量，及綠色與金字塔尖型的三角造型，將可助長工作上的競爭力與升遷能量，降低被同事踩著頭往上爬的厄運。

引申

天然綠幽靈水晶具有釋放能量、穩定電波的效果，綠色能幫助事業、開啓智慧與行爲的能量，至於金字塔尖尖的造型則有刺激視覺、激發挑戰

力、競爭力、表現力的潛在功效，七星陣則有能量加乘的力量。

七、從兼職中輕鬆獲利

Q：小李為了賺錢，除了白天的工作之外，下了班就卯起來兼差，大家稱他是工作狂，別人下班看電影、上夜店，他則視加班、兼差為娛樂休閒，為了存錢買房子，連重感冒都捨不得請假。叫小李不要那麼拚命是沒辦法說服他的，利用風水佈置的方法，可以創造小李賺錢稍微輕鬆一點的能量嗎？

有人像不要命似的拚命賺錢，有的時候並不是他自身所願、或是太愛錢，有可能是情勢所逼，讓他的一生就像是只爲了賺錢似的，一輩子就賣給了錢。只要在風水上做些調整，可以幫他賺錢不要那麼辛苦，人生輕鬆一點，而不再做一個只會賺錢的可憐人。

想要加薪、增加業績獎金、或是從兼職中獲利

佈置法

只要在大門內的內明堂，也就是一般人稱爲玄關的地方，擺設一組天然黃水晶圓球的七星陣，利用水晶的物理能量，及黃色招財能量與圓型造型，讓賺錢輕鬆一點，業績、加薪、獎金、兼職獲利的機會多一點。

引申

擺設黃水晶的用意在於「黃色」的頻率與能量能刺激腦神經、視覺及內分泌，激化人在營求金錢方面的智慧與敏銳度，以及創造方面的行爲能力。此外，賺錢需要圓融的手腕，因此挑選圓型的水晶球，而七星陣則有能量加倍的用意。

八、防堵工作上被小人或老闆身邊紅人中傷

Q：劉先生是老闆的特別助理，原本老闆對他十分信任，老闆娘卻不喜歡劉先生，常對著老闆咬耳朵，某天劉先生被通知調動職務，從特助降級為一般職員，劉先生認為自己得罪老闆身旁的小人。小人問題職場多見，尤其是老闆身邊的小人，工作認真努力讓老闆賞識當然很重要，可是要如何預防小人在老闆耳朵邊陷害人呢？

幾乎每個人都會有犯小人的時候，工作上的小人尤其具備殺傷力，一不小心可能就深受其害，甚至讓人搞不清楚到底是誰在害你，小人無所不在，要防小人，不如先將自己變成老闆身邊的紅人。

已有跡象或擔心自己在工作上會被長官或老闆身邊的紅人取代

破解法

到禮品行或賣銅製品的店，買一個銅製的動物，造型是大人背小孩或大象背小象、大龜背小龜、大豬背小豬等諸如此類的物品皆可，並於該物件的底部用紅色油性簽字筆寫上長官或老闆的姓名（或壓住老闆、長官的名片亦可），大人背小孩的小孩部位或大象背小象的小象部位、大龜背小龜的小龜部位、大豬背小豬的小豬部位等用紅色油性簽字筆寫上自己的姓

名，再用吹風機熱風烘烤該文字，擺在自己辦公桌上離該位長官或老闆距離最近的桌上位置點，並朝向自己的座位方向。如果希望效果更好，可選用與該長官或老闆的出生年份（五行）相生的日期（附表二），來擺設該物件，可加強長官或老闆愛護、提攜自己的能量。

附表二

長官年次五行屬性	長官民國農曆年次	長官年次干支（可用於日期）	日期干支的五行選用
金	13、73 14、74 21、81 22、82 29、89 30、90 43 44 51 52 59 60	甲子 乙丑 壬申 癸酉 庚辰 辛巳 甲午 乙未 壬寅 癸卯 庚戌 辛亥	請選用金（對象的五行）所生的五行屬「水」的干支日期來使用
木	1、61 2、62 9、69 10、70 17、77 18、78 31、91 32、92	壬子 癸丑 庚申 辛酉 戊辰 己巳 壬午 癸未	請選用木（對象的五行）所生的五行屬「火」的干支日期來使用

五行	數字	干支	說明
	39	庚寅	
	40	辛卯	
	47	戊戌	
	48	己亥	
水	3、63	甲寅	請選用水（對象的五行屬「木」的干支日期來使用
	4、64	乙卯	
	11、71	壬戌	
	12、72	癸亥	
	25、85	丙子	
	26、86	丁丑	
	33、93	甲申	
	34、94	乙酉	
	41	壬辰	
	42	癸巳	
	55	丙午	
	56	丁未	
火	7、67	戊午	請選用火（對象的五行屬「土」的干支日期來使用
	8、68	己未	
	16、76	丙寅	
	23、83	丁卯	
	24、84	甲戌	
	28、88	乙亥	
	37	戊子	
	38	己丑	
	45	丙申	
	46	丁酉	
	53	甲辰	
	54	乙巳	

日期干支的五行選用	長官年次干支（可用於日期）	長官民國農曆年次	長官年次五行屬性
請選用土（對象的五行）所生的五行屬「金」的干支日期來使用	丙辰	5、65	土
	丁巳	6、66	
	庚午	19、79	
	辛未	20、80	
	戊寅	27、87	
	己卯	28、88	
	丙戌	35	
	丁亥	36	
	庚子	49	
	辛丑	50	
	戊申	57	
	己酉	58	

例如，老闆是民國七十三年出生，從表格可查出七十三年次為「甲子」年，五行屬「金」，在屬金的表格中告訴我們，「金」（老闆的出生年之五行）是生「水」的，因此參照表格中找出屬「水」的干支日期，有「甲寅、乙卯、壬戌、癸亥、丙子、丁丑、甲申、乙酉、壬辰、癸巳、丙午、丁未」等日期，我們再從農民曆或有記註日期干支的日曆來核對，上述的干支日期，是在農曆或國曆的幾月幾日（數字日期），將大動物背小動物的物件於該日期擺上去自己的辦公桌上。（只需出生年即可）

預防小人惡意中傷，或已面臨小人扯後腿或是擔心小人擋路

破解法

在辦公桌上不妨凝空間的位置擺設一盆仙人掌，若是小人問題嚴重則擺設銅製的拆信（模型）刀或劍，或擺設天然茶水晶的晶柱造型（或骨幹水晶），並將該刀劍以縱直的方式立起來，刀柄向上、刀口朝下。

引申

一、大動物背小動物造型，代表的是老闆或長官正背著你，是提拔、照顧、關愛、青睞你的人，因此以前述方法擺放於辦公桌上距離老闆或長官一直線最近距離的位置上，可將老闆或長官關愛的氣吸過來。

二、仙人掌有刺代表保護自己不受小人的侵略，仙人掌的大小則視辦公桌的大小及小人數量的多寡而定，但要切記，避小人要挑選帶有硬刺的仙人掌，不要選細毛如毛刷的，作用不大。

蔡老師的小叮嚀

仙人掌和直立起來的刀劍，具有強烈的備戰意味，代表受到小人威脅感已深，因此雖然這兩種素材擺在辦公桌上也同時擋掉人緣、及桃花，但若是小人問題嚴重，當務之急還是要先防小人，等到危機解除之後，再將仙人掌和刀劍撤掉即可。

九、尋求老闆緣及貴人相助

Q：小明工作積極認真，負責敬業，但是偏偏不得老闆寵愛，總是看不到老闆關愛的眼神，反而對另一位油嘴滑舌的同事特別好，小朱覺得很沮喪，為何老闆總是看不到努力付出者的好？要如何讓老闆喜歡他呢？小明的弟弟小華服完兵役從南部北上，希望在事業上闖出一片天，如果有貴人助一臂之力，距離成功不是更近嗎？

在現代社會裡，埋頭苦幹並不代表一定會獲得相對的成果，並不是一加一等於二這樣簡單而必定的事，如果工作努力認眞加上和老闆投緣，你一定是個懂得付出、有上進心又十分幸運的人。

增強老闆緣

破解法

只要在辦公桌上，經常擺設粉紅色及粉紫紅色的鮮花各一朵，並於粉紫紅色的花瓣下用紅色油性細字簽字筆寫上長官或老闆的姓名，另外在粉紅色的花瓣上用紅色油性細字簽字筆寫上自己的姓名，擺在自己辦公桌上離該位長官或老闆距離最近的桌上位置點，再用粉紅色或粉紫紅的絲帶於花瓶打上一個蝴蝶結做爲裝飾即可。利用植物生命及顏色的能量，加上花瓣的毛細孔呼吸長官或老闆與自己的姓名，所有元素同置於一個花瓶內，有助於長官上司對自己的關愛。

尋求貴人助

破解法

首先必須把大門外的空間清理乾淨開闊，通風及採光全，將大門外的燈光打亮（白光），經常擺設粉紅色、紫紅及黃色等三色鮮花，將可提升人緣、貴人與財運的能量。

引申

一、粉紅色是招桃花、人氣，紫色則是人際關係的圓滿，與人相處的智慧與行為，也就是EQ加IQ，粉紅色和粉紫色二種放在一起有加倍的效果，在花瓣的背面寫上老闆或長官的名字，寫得愈多效果愈好，不同部門的長官都可以寫上去，插在同一個水瓶裡代表共生、共榮，蝴蝶結是成對的中國結，綁在一起則是形影不離的意思，關係不會疏遠，也就能得到老闆緣。

擺設紫紅色鮮花有助於人緣提升

二、貴人都在外面，因此在大門外擺設粉紅色、黃色、紫紅色三色鮮花，桃花人緣、貴人和財運三種皆來。如果大門外有院子，也可以在院子裡栽種上述三種花草。

十、讓學子念書心無旁騖、考運亨通的風水

Q：王太太和鄰居楊太太、張太太對子女的學業問題相當頭疼，王太太的兒子小康升上國一了，學校逼得緊，但是兒子總是逃避課業，沒辦法專心坐在書桌上，不到半小時就想走開，總覺得心煩氣躁，心神不寧。楊太太的兒子小龍則是念書或考試時總是心不在焉，坐在書桌前，念了一整天的書卻無法吸收、融會貫通。張太太的女兒小文則是明明很用功，考試時卻偏偏填錯格子、寫錯答案、準考證忘記帶，或是什麼時候不生病，偏偏考試那天重感冒、拉肚子，考運極差，實力無法發揮。

讓學子們專心念書

佈置法

首先書桌一定要面貼牆，牆面一定要漆成白色，或掛置一幅白色雲海的圖片，並將書桌清理整齊乾淨，將文具書本以外的其他雜物全部移除掉，在書桌上不妨礙且視線明顯可見的位置擺設天然白水晶圓球（或做成七星陣皆可），再插白色的鮮花在書桌上，並可於花瓣上用紅色油性細字簽字筆，寫上自己的姓名，下面再加註「魁鉞」兩字。利用白色的能量來安定、穩定學子的心神，提升專心與專注的能量。

讓學子們將知識吸收進腦袋瓜裡並融會貫通

佈置法

與上述方法相同，但改爲紫色水晶圓球及紫色鮮花，其他皆同。

讓學子們突破念書的困境並打開考運

佈置法

與上述方法相同，但改爲天然鈦晶圓球及紅色鮮花，其他皆同。

引申

一、貼牆的書桌、以及白色素淨的牆面，是爲了不讓莘莘學子在用功時，視線被左右所干擾；至於書桌上除了要念的書之外，當然要排除多餘雜物，才能摒棄雜念，專心一致；若是沒有白色的牆面就掛上一幅能安穩人心的白色雲海的圖片或畫，這些都是讓學子能夠好好念書的基本配備。而「魁鉞」是科貴之星，代表的是金榜提名的意思，有助於念書及考運佳。白色的花及水晶圓球取其白色具有安定心神的作用。

二、紫色則是取其創造力及智慧的行爲能力的能量。

三、紅色的花則取其紅色屬火，具有動力、幹勁、衝刺、突破與挑戰的能量。若是家中學子三種情況皆有，念書時既坐不住，又心神不寧、即使念了書卻無法吸收、考運也欠佳者，則可以在書桌上擺放白色、紫色、紅色三色花朵，各插一朵即可。至於水晶部分，則可以於七星陣上，擺放上述三種不同的水晶各幾顆，也是有效的做法。

蔡老師的啟發

現代學生比起從前而言，實在幸運太多太多了，若是二、三十年前的環境，連肚皮都填不飽了，父母就算想供孩子上學進修，也是心有餘而力不足。像我小時候，不要說家裡連一張像樣的書桌都沒有，還要大老遠跑到公廟，藉著昏暗的燈光看書；反觀現在的學子大部分是被父母、學校、補習班逼著學習，欠缺好學上進的精神，這點可能不能怪孩子不能體會幾十年前的生活困苦，而是該怪現代家長教育子女的方法太寵愛、太保護，以致於抹煞掉孩子自動自發的意願與精神；孩子太好命反而欠缺競爭力、挑戰力、抗壓力，是值得天下父母在教育子女時，好好思考的方向。

健康長青篇

獲得身心健康的六大問題

有人第一羨慕的是坐擁財富的大富翁，但大富翁有錢了之後，最羨慕是有時間可以花錢休閒的人，而有錢有閒的人更羨慕的是：擁有健康可以盡情享受一生耕耘的成果，直到一百二十歲。

擁有健康的身體與心靈，不但是大富翁最最傾慕的，同時更是事業開展時的左右護法，如果沒有健康，那來的精神氣力打拚衝業績、那能努力表現升官加薪？

家是讓人安心、放心、感覺窩心、溫馨、充滿愛心的地方，有了這些基礎，心情輕鬆精神飽滿，加上風水流暢，要增加財富、官運亨通、身體健康，當然唾手可得了！

一、呼吸道方面的疾病

Q：張家小朋友搬進新宅後，呼吸道就出問題，大小感冒沒停過，鼻子過敏導致氣喘，除了體質的問題之外，在房間的方向上是否也有可能誘發身體上的毛病？會影響家人健康的風水禁忌有哪些？

在風水上的確會有一些方位是容易導致身體不適。例如呼吸道出問題，可以檢視家中浴室及廚房的位置，尤其是廁所是去除身體不要的排泄物、洗澡的地方，當然是穢氣集中之地；廚房則是每日烹煮食物的地方，這些食物吃進家人肚中，更與全家人健康息息相關。

根據中醫五行的對照，家中的廁所及廚房方位的確都有相對應的身體疾病、或是可能影響的對象（家中成員），但根本問題還是：將這兩個區域維持乾淨、清爽、無異味，對人的影響自然就能降到最低。

廁所或廚房的位置壓在房屋的西方或西北方

引申

西及西北方屬金，在中醫五行中，被視爲主肺、大腸、呼吸系統，因此若是廁所或廚房剛好坐落在這兩個方位，可以留意家人有沒有呼吸系統較弱的毛病。

破解法

將家中面積分成井字型等分的九宮格，拿指南針標出廁所及廚房的位置，若剛好位於西或西北方，可於這兩個地方放置黃色或白色水晶；若風水上沒問題，但家人有呼吸系統的毛病，可於此人臥房的西方或西北方放置天然黃或白水晶。

天然白水晶球

二、睡眠品質不佳

Q：小玲覺得自己睡眠品質很差，而且常頭痛，天天叫腰痠背痛，有時專程休假在家補眠，但仍愈睡愈不舒服。不知道這跟風水有關嗎？

現代人睡眠品質不佳的原因很多，先檢查臥室是否是一個能讓人放鬆、適合休息的地方，此外，時間過久、姿勢不對、溫度不適、寢具品質不佳、噪音太大等等，都會影響睡眠的品質與舒適度，或是頭痛、筋骨關節疼痛的問題。此外如果風水有問題，也會影響健康。

臥室的舒適度直接影響睡眠品質

床頭在樑下或緊貼柱

引申

樑和柱都是建築結構中承受重力的地方，若睡覺時頭部位置正在樑下或是柱旁，光是視覺都備受壓力，自然就會睡不好了。

破解法

一、將床頭位置移離樑柱，若無法移開，可用天花板隔開橫樑，或加置一個床頭箱，讓床頭離開樑下，若還是有困難，可於樑下釘置一個層板，上面擺設植物或是白水晶來撐樑，或用一盞朝天燈利用光線打向橫樑。

二、採用紫水晶碎石枕頭可以幫助睡眠。

三、常有意外傷害發生

Q：隔壁許家爸爸騎機車摔跤，還沒出院，女兒開車竟也被人從後方追撞，家人相繼出車禍是怎麼回事？

檢查宅向或大門外是否有沖煞物，直接沖到。

壁刀近距離劈中房屋的方向或大門

引申

宅向或是大門直對著馬路，屬於路沖。或是宅前左右各有一棟建築物，中間的間距空隙，形成強風直灌過來，稱爲天風煞。弓箭型馬路、橋樑弧形的正中心對到宅向或大門等，都屬於容易發生車禍的風水。

破解法

利用鏡面玻璃（可買鏡面隔熱紙貼上即可）反射回去，或用凸透鏡反射回去，或加置一個採光罩來遮蓋被劈中的位置，或擺設植栽來擋壁刀。

四、心血管方面的疾病

Q：郭先生應酬多，常喝酒，但身體檢查一直都很正常，既沒有高血壓的毛病，也沒有血脂肪過高，但是五年內，他已經因心肌梗塞開刀過二次了，請問在住家風水上，有什麼該注意的問題嗎？

在風水上，房屋的正中心主管的是心臟，若是廁所及廚房位居中宮，對心臟有不良影響。（參閱第三十一頁）。若是樓梯居中宮，因爲是全家上上下下重量集中之地，家人易生心臟毛病及高血壓。因此若樓梯位居房子的中心，除了要保持樓梯的明亮清潔之外，家人上下樓梯時，也要注意將腳步放輕放慢，減少壓力氣場。

廁所、廚房、或樓梯位居中宮

破解法

將廁所打理清潔、整齊、乾燥、除潮穢氣，並擺設植物，樓梯清理乾淨、不堆放雜物，光線打亮，廚房清理整齊、清潔、乾燥、除潮穢，並擺設茶水晶圓球。

五、常有筋骨痠痛的毛病

Q：李太太每天做完日常家事後，並沒有過度勞累，但是天天關節骨頭痠痛，去醫院檢查也檢查不出個所以然來，可能是住家風水有問題嗎？

如果在醫學的檢查上並沒有得到具體的答案，可以回家檢視一下家中橫樑的走勢，以及住家天花板是否太低，讓人產生壓迫感。此外若是橫樑壓在瓦斯爐上，則橫樑承受的大樓建築的壓力轉移至爐火，再釋放到食物中，吃到人體內，造成身體似乎在承受所有重量壓力的感覺一般。因此反應在健康上，就會讓人感覺全身筋骨痠痛。

屋宅高度低、橫樑多、橫壓床面的人體部位、或壓在瓦斯爐上。

破解法

若是天花板太低，便利用光線的亮度造成空間更大的感覺；家中橫樑多，則注意不要坐或睡在橫樑底下；如果能將橫樑利用天花板的裝潢包起來最好，或做懸吊櫃，並在櫃中樑下的位置擺放天然水晶或碎石。瓦斯爐上的佈置亦同。

六、容易虛胖的體質

Q：減肥已是全民運動，不論男女老幼都以嚴格的標準來追求纖細身材，小美上了國中之後，就很注意體重，天天都在減肥，但她其實一點都不胖，只要超過一公斤她就禁食。小美說自己是喝水也會胖的體質，容易虛胖。調整風水能夠幫助瘦身嗎？

人會胖或瘦，和體質、生活、飲食習慣當然有直接而密切的關聯，但風水是一種人與環境的關係，也具有部分影響力。例如北方屬水，主新陳代謝、內分泌、吃和排的循環問題，因此可以在北方位置中的廁所內加以佈置，並配合運動與飲食，達到瘦身的效果。

住宅中廁所位置位於北方，或廁所位居臥室的北方

破解法

可於臥房北方擺設植物。若廁所正好位居家中或臥室的北方，便在廁所中擺設土耕的植物，利用屬木的植物來吸收屬水的北方能量，若要效果更佳，可用一盞小燈投射。當然啦，廁所一定要打理清潔才行。

選房擇屋篇

購屋的風水開運叮嚀

買房子是人生大事，這種說法一點都不為過；試想，對大部分的人而言，購買一處不僅僅是遮風避雨的窩，對一個人的意義有多重大？而所需的金錢則是盡畢生之力來揹負著二十年、三十年的重擔，因此買房子是件喜事，同時也是責任與負擔；所以，買屋一定要慎重其事、左思右量、瞻前顧後、謹慎小心；除了第一眼看中意之外，可別急著就馬上做決定喔，發揮偵探找線索的精神，仔細地從大方向觀察：建築主體結構有沒有問題？房子的外觀有沒有難以克服的風水問題？到房子裡面的格局，動線是否流暢？樣樣都得用放大鏡來審視。

事前的一分準備，勝過事後的九分補救，總之買屋前睜大眼睛，慢慢看，仔細找，別說蔡老師沒有提醒您喔！

ENGLISH COUNTRY
FRENCH COUNTRY

一、房屋外觀的重大沖煞風水指標（外六事）

這裡所稱的外六事，泛指的是房屋外部環境所有風水問題的統稱，因此並不是只有六件而已。從屋外的環境、地形、外界對這棟房屋造成的影響、最重要的就是留意屋外有無沖煞物存在，以及對沖的嚴重程度；有些是明顯可見，有些則要站在屋裡往外看，風水是人與環境的對應、磁場關聯，因此只要您的視覺感受不佳、具有壓迫感，就是一種最直接的觀察法了。本篇中所點出的所有問題都是需要避開的不良風水，如果看中的房子有這樣的瑕疵，建議您還是考慮再三吧！

路沖：前途發展面臨挑戰。

一、房屋正對著馬路，這條馬路愈寬路沖的力量愈大。

二、房屋居於愈低層的樓層，路沖愈嚴重（愈接近地面車流、風速影響愈大）。

三、若是路沖兩旁的建築物是五樓的高度，而你想買的六樓，路沖問題並不存在。路沖兩旁的建築若是一高一矮，則以高的爲準。

壁刀：易生車禍。

一、正壁刀指的是本宅被正向的房屋兩面牆交會後呈四十五度的銳角對著，等於是對面有尖銳的角射入本宅，除了視覺有壓迫感之外，空氣對流遇到對面的壁面，迴流沖向本宅，也是造成不良風水的原因。

二、側壁刀指的是本宅正向有房屋的壁角呈九十度平行。側壁刀較正壁刀影響程度輕。

屋角

屋角：通常是屋頂加蓋所造成的尖角，射中本宅。易生車禍。

電塔、高壓電箱、基地台、電線桿：本身便具有強大的電波幅射，紊亂磁場，電波對人體也有不良影響。愈接近本宅、及此沖煞物的體積愈大則影響愈大。人生事業前程及人際、業務關係會遇到障礙。

高壓電塔及發射台皆為沖煞物

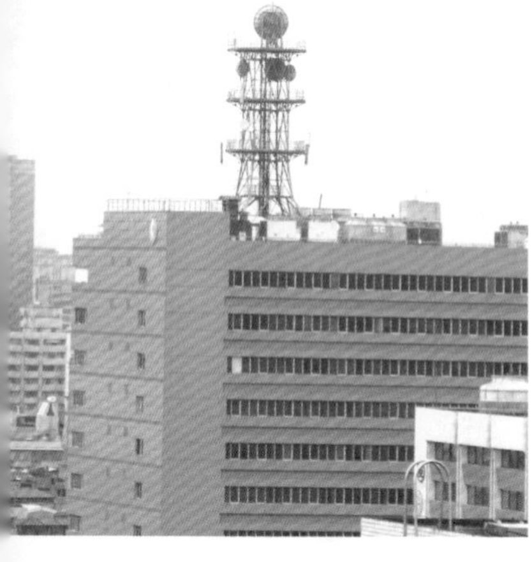

高架橋：位居高架橋旁的房子，由於橋上車流多、車速快，容易造成氣場紊亂，人生事業前途及人際、業務關係會受到壓制，但若是房子位於高架橋高度以上，則問題不大。

反弓：馬路或橋樑、河流形成的弧形彎度像拉滿的弓，若房子正對著上述情況弧度最大的中心點，即稱爲反弓煞。易生車禍。

箭頭：馬路、橋樑、河流形成的角度，比反弓更尖銳，成箭頭一般射入，這樣的情況比反弓、路沖更爲嚴重。易生車禍或者人生前途會中挫落敗。

穢地：房子旁邊是垃圾場、廢地、髒亂不堪之地，易引發情緒鬱悶。

森林：指的是一片陽光照不進去的陰森樹林。住在這種環境的人，容易遇小人。

下陷的基地：土地下陷，房子比馬路低。人生前途運勢漸走下坡。

神壇、廟宇、警察局、法院：神壇廟宇屬陰地，緊貼、正對或房屋上下層有神壇廟宇皆不宜。至於警局法院不宜正對或緊貼。陰氣重，容易身體不佳、小人多、衰事易上門。

地脈斷：房子下方有停車場的車道通過，房子與土地的連繫被穿流的車子切斷，有如土地的神經血管被切斷一般。人生前途發展受限，易被孤立。

挑肩煞：整棟房子的高度比兩側矮很多，住在這裡的人易顯落寞，事業難以伸展。

沖天煞：整棟房子的高度比兩側高很多，顯目突出，如鶴立雞群。住在這裡的人易生孤獨感。狀似要拉抬別人，負擔和包袱較重。

推車：兩側房子的後方長度較本宅為長，有如推著一輛車，被迫推著走。人生前途多漂泊或者任人擺佈。

挑肩煞

滴血：別人屋簷水滴滴到本宅屋簷上，再滴到地面。易有血光之災。

頂樓下台：頂樓加蓋或頂樓的內縮建物蓋在房屋的前方，後方則留有露台，也就是頂樓建物後端內縮成露台，從房屋側面來看，是階梯似的往下走，看來就像是走下坡。

快速道路：車流快速、進出不便、磁場紊亂又危險，位於快速道路兩旁的都不會旺。

無尾巷：即死巷底的房子，最後的三戶都不宜，且中間的那戶還有路沖的問題。位居路的盡頭，人生前途像似死胡同。

二、房屋內部需注意的風水禁忌（內六事）

房子內部的格局有些是可以經由裝潢來改善，但是有些問題卻是先天受限難以變更的；因此您在看屋選屋時，務必裡裡外外仔細打量，例如要特別注意橫樑的問題，才不致於事後要多費心神來彌補缺失。此處的內六事同外六事，皆爲風水上的專有名詞，指的是房屋內部要注意的風水問題之統稱。

樑穿門：大樓建築結構中的橫樑從大門外跨過門框穿進屋內。財運被掠奪。

穿堂煞：大門一直線正對著通往戶外的門或窗，中間沒有任何的隔屏，這樣的房子被光及空氣穿成兩半。家道中落。

大門一直線正對電梯、安全門、樓梯、消防栓：工作事業辛苦動盪、受小人侵擾、遭逢意外的挫敗。

外明堂共用區狹隘：大門與隔壁緊鄰，大門外區域既小又共用，有如兩家人在搶外面的空間（外界的人際關係）。或者是大門

外的走道狹隘，或位在無通道的死路。事業發展、人際業務關係受限並且面臨被瓜分的競爭。

開門碰壁：入門之後即有牆面（指主體結構牆）擋路（非玄關牆），形同內明堂淺小，財路不佳。

大門對門窗：這裡指的是大門對上內部的臥室門或窗。需爲工作整天在外奔波。

樓板低：造成壓迫感。容易造成憂鬱症，人生發展的空間受限。

橫樑交錯：像是天羅地網般撒下來。人生背負重大的壓力。

廚房下陷：廚房地面較房屋其他區域更低。財庫不佳，留不住財。

廁所、樓梯在中宮：廁所居中宮，衰事多且易生心臟血管疾病。樓梯居中宮，操勞忙碌，筋骨關節不良、高血壓。

大門貼廁所、貼廚房：工作遇小人衰事；爲存錢而賣命工作。

開門碰餐廳：一開門就是餐廳。爲五斗米折腰。

廚房門正對爐灶：因家人出事而破財。

廚房內有廁所：因爛事而破財。

陽光不入、通風不良：狹長型的房子，只有前後採光，中間部分難有窗戶，缺乏陽光照射，又通風不良，也是陰氣重的房子，導致身體的毛病及精神不濟。

潮穢氣：外牆生苔蘚、霉味難聞。家人易生風溼病痛。

廚房門正對爐灶

三、買屋租屋的十大疑惑Q&A

一、小套房風水上的疑難雜症

Q：小套房一路到底，一眼望穿，除了容易有入門見瓦斯爐的缺點外，還有什麼不好的風水存在嗎？

A：若不是情非得已，建議最好不要挑選小套房來住。除了有入門就看見財庫的核心瓦斯爐（財露白、存不到錢）的問題外，十坪大小的小套房一定有個浴廁，和三十坪的房子比較起來，小套房潮穢氣的比重是不是偏高呢？此外空間小，房屋中的各個區域的分配不易，只要一個小不心，很容易就會有互沖的問題出現。

還有，小套房通常空間很小，並沒有明確的客廳位置，沒有客廳的人在職場上難居領導地位，不易升官，就算做主管也做不久。另外小套房的廚房通常採開放式，旁邊都是睡床，有如睡在廚房裡，因此有的人乾脆將廚房打掉不用，如此則會造成沒有財庫，存錢不易的後果；不過這個問題是有辦法克服的，設置一個梳妝檯，就可以負起個人理財的重責大任了！

二、左青龍右白虎的迷思

Q：常聽到很多風水老師將「左青龍、右白虎」的問題掛在嘴邊，好像是說大門最好要開在左側，右邊則要保留較大的空間，才算好風水，如果剛好不是這樣的安排，甚至還相反，會產生什麼不好的影響嗎？我家的大門是否也應該按照此說法，將門口的風水改一改？

A：這個問題根本不存在。左青龍右白虎的意思完全被錯誤解釋及濫用了。第一這裡的「左」並不是指左邊，而是指方位中的東邊；右則是指西邊。「左青龍、右白虎、前朱雀、後玄武」是老祖宗拿來做為風水中東西南北的代名詞而已，無關左右，因為東西南北是相對的位置，是隨著主體來改變的。

為什麼叫青龍呢？道理也很簡單，因為東方屬木，木是綠色所以為「青」，所以大家了解了嗎，左青龍指的只是「東方」這麼單純的方位而已。而西方屬金是白色，所以為「右白虎」，南方屬火為紅色，所以為「前朱雀」（因為既然東方在左西方在右，所以南方不就是前或可以說是上方了嗎？）北方屬水為黑色，因此有了「後玄武」。

至於龍、虎、雀和蛇（玄武指的是蛇）也不是代表那個方位真有一種動物在那裡，只是拿來做為代表方位的吉祥物罷了。這時候你一定會想：既然只是簡單的方位代表而已，幹麼搞得這麼複雜呢？我只能說我們老祖宗傳下來的東西博大精深，智慧高、學問好啦！

怎知後代有人風水學問沒參透，積非成是還不停的傳遞出錯誤訊息，搞到現在變成一般大眾人人皆知左青龍——大門要開在左邊，才能逼龍飛天，飛黃騰達；右白虎——右邊要留較大空間，否則會逼虎傷人……，我碰到很多人第一件事就是問「左青龍、右白虎」的相關問題，不但眞正成了風水史上的一大笑柄，還害我們專業的風水老師不勝其擾。試想，若所有房子的大門都開在左邊，不是很奇怪嗎？那雙併的房子要如何設計？房子的右邊都留大空間，又要怎麼裝潢呢？

三、入門後經階梯入客廳，不利積存財富

Q：房子設計一進入大門後，就要上四、五個階梯才會到客廳，另有一種是一入門後要下幾個階梯才到客廳，這樣設計的房子在風水上有無問題？往上的好還是往下的好？

A：兩種皆不好。入門後的玄關無法直接連到客廳，表示財路財運曲折，要進室內需要再經過樓梯，代表辛苦賺錢進來卻存不下來。至於兩者相比，則往下的階梯更不好了。

入門後經階梯入室廳，不利儲蓄

四、大門斜對角是財位的謬思

Q：如何佈置財位？大門斜對角要怎麼看？是不是每個房間的斜對角四十五度都屬財位？

A：這又是一個連不專業的風水老師都被騙倒的例子。大門斜對角是財位的說法起源於十多年前，某一電視購物頻道要推銷一種開運商品叫「扭轉乾坤」的存錢筒，爲了方便行銷，讓一般人覺得不麻煩、不複雜，所以購物專家就教大家將存錢筒放在一個方便記憶的地方，就是進進出出時一眼就能立刻看得到的角落，因此演生出——大門斜對角是財位的說法。

這是行銷高手的手法，但很多人不察，廣爲流傳後，連很多風水老師都受騙了。而我爲什麼會知道呢？因爲這家購物頻道的老闆得意洋洋，驕傲的不得了，因爲他除了開運商品賣得嚇嚇叫之外，他還自創了一種影響了所有人的風水，升級爲發明家了。至於風水中眞正的財庫指的是廚房，財路財運則在內明堂。

五、社區大門是大路沖

Q：家人看中一棟房子，但此社區入口大門從外頭看是個極爲明顯的大路沖，但裡面想買的那戶的大門並非和社區大門同向，這戶仍有路沖的問題嗎？

A：只要想買的那戶的大門沒有路沖的問題就可以。很多大型社區建物的大門都開在路沖的口上，並沒有關係。

六、附近有工地開挖影響風水

Q：房子的附近正在開挖工地，既吵雜又破壞景觀，有可能會影響到旁邊房屋的風水格局嗎？

A：的確可能會影響風水的，如開挖地基時，等於是翻動地氣、地脈，並會產生大量的土方或廢棄物，讓房子周圍變成廢地、穢地，這是不好的，但是這樣的影響卻是短暫的，只要建築完工就好了，此時則要注意的是新建的建築物是否造成路沖、箭頭、壁刀、挑肩、沖天等沖煞影響。

七、玄關客廳無窗，視野不開闊的改善方法

Q：精華地帶的房子因爲空間受限，玄關及客廳都沒有對外的窗戶，如此的格局可以如何改善？更適合居家、不致於有不開闊、無法開展之感？

A：可以在入門可見的客廳位置的牆面上，擺設一幅手工寫實派油

畫，主題可以是一望無際的海洋、草原花田、或是山水，若是以海或河爲主題則有開門見財之意。加上顏色亮麗多彩，讓人有空間無限延伸的感覺爲佳。

八、以訛傳訛的馬桶座向

Q：曾經聽過馬桶的方向若和大門是同一方向也是不好的風水，可是這個問題眞的很難迴避，怎麼辦？

A：又是一個以訛傳訛的錯誤觀念。在風水中只有大門和廁所門一直線正對到才有問題，跟馬桶的位置在哪裡、方向如何無關。馬桶位在廁所裡，只要廁所門沒有一直線正對著大門，馬桶怎麼放又有何關係？還有人說一入廁所最好不要看到馬桶，也是沒事找事的一例。事實上只要隨手關廁所門、除好穢氣就可以了。

九、房屋座落的方位要怎麼看？

Q：現代建築的設計多元花俏，不似以前的房子單純，現在房子入口處變多了，多了社區大門、庭院門等，還有的是大門方向和房屋座向不同，那如何看這戶房子眞正的方位呢？是從大門的方向看還是看房子的朝向呢？

A：房子的座向以本宅的結構爲主，社區大門或是大樓入口處與本宅座向的看法無任何關係。本宅的座向九十%會是以客廳的窗戶或是落地門所看出去的視野爲本宅的方向，與大門開在哪裡、朝向哪裡是兩回事，除非大門的朝向是與客廳的視野方向是一致的，才會屬於同一方向。另外可能有十%的房屋因爲建築結構的特殊或怪異關係，方向才會不好辨識，可能要專家親自現場勘查，才能確認方向，通常方向不確定或有礙辨識、有爭議的房屋，都不屬於好風水。

十、睡床位置腳若和大門同向不宜？

Q：我家的床尾位置和大門同向，可是臥室適合擺床的地方無法更動，這個問題如何解決？

A：如果您的床尾一直線正對著臥室門，你才有移動床位的需要。這個錯誤說法的由來是傳統習俗中，家中有人往生，都要安厝在家中大廳幾天，死者腳都朝向宅向（或大門）方向。因此演變成若腳對著大門睡是不吉祥的。如果您是睡在客廳，當然就避免腳朝向大門；但將此無限上綱爲：腳的方向不能和大門同一方向或和臥室門同一方向（只要非一直線正對即可）；甚至一入門最好不要看到床，都是吹毛求疵，如果一定要做到，恐怕會無屋可住了。

蔡上機全方位易經論命

什麼是「命運」？算命可否「改運」進而「運命」？每個人都想知道。

算命的第一個步驟是排命盤，子平八字也好，紫微斗數也好；每個人命盤格局有所不同，如果把每個人的格局比作一部汽車，有的車子小而靈巧、有的車子大而氣派，巧妙不同；而運就好比是道路一般，有崎嶇小路、有平直的高速公路，不同的車子適用不同的道路；如果走對路自然得心應手，否則處處不順，而所謂的運命，就是把我們放在適當的位置發揮長才，並作好正確生涯規劃，加滿油，開對路，自然一路順風。

命理老師的主要兩項功能：

第一，幫助你了解自己

第二，根據流年行運作生涯規劃

論命知命的目的，在於先知己後知彼，

消極是要懂得如何修正自己，

懂得趨吉避凶，積極是發揮創造，

並規過勸善，砥礪同渡。

我們建議人人都應算命知命，

並以命理數據統計為決策支援，

在這個充滿不確定的年代，

掌穩自己的舵，駛向正確的方向！

當然，人生不可能不面臨挑戰；

了解自己正如同充分掌握車的性能及馬力，

才能安全順利應對不同路況，保持領先。

能否技術漂亮地駕車與能否成竹在胸地運命正好是殊途而同歸。

關鍵只有兩點：您了解自己嗎？您準備好了嗎？

要迎接機會必先要作好準備，

因為「機會永遠給準備好的人」設立目標、

把握機會，是成功的基本操作。

蔡上機易經論命諮商以紫微與八字合參，依照命主四柱八字計算喜用分佈：加以紫微斗數的飛宮四化立體命盤解析個人與環境係數（斗數十二宮位「本命、事業、錢財不動產、人際外出朋友、感情婚姻、福氣健康、父母兄弟」等）交互作用產生的影響可能結果，精算流年後天運盤，以補八字論命流年分析粗糙之不足。

另佐以人相學察相觀氣之術，及姓名學影響後天運勢分析，綜和結論，提供全方位生涯規劃建議（Tatol Solution）。

地址／台北市忠孝東路 4 段 153 號 10 樓　網址 /http://www.shang.com.tw

蔡上機　開運水晶　易經命理

洽詢專線／(02)2771-0699　0910129200　傳眞專線／(02)2771-858

營業時間／ PM 1:00 ～ 9:00

The Eurasian Publishing Group
圓神出版事業機構
用心與你對話・視野無限寬廣

如何出版社
Solutions Publishing

http://www.booklife.com.tw　inquiries@mail.eurasian.com.tw

Happy Family 015

好家在有好風水

作　　者／蔡上機
文字整理／尚孝芬
發 行 人／簡志忠
出 版 者／如何出版社有限公司
地　　址／台北市南京東路四段50號11樓之1
電　　話／（02）2579-6600（代表號）
傳　　真／（02）2579-0338・2577-3220
郵撥帳號／19423086　如何出版社有限公司
副總編輯／陳秋月
企劃主編／賴真真
責任編輯／林振宏
美術編輯／劉婕榆
行銷企劃／吳幸芳・周羿辰
印務統籌／林永潔
監　　印／高榮祥
校　　對／蔡上機・張雅慧・林振宏
排　　版／杜易蓉
總 經 銷／叩應有限公司
法律顧問／圓神出版事業機構法律顧問　蕭雄淋律師
印　　刷／龍岡彩色印刷公司
2006年5月　初版

定價250元　ISBN 986-136-087-5

國家圖書館出版品預行編目資料

好家在有好風水／蔡上機 作；-- 初版. -- 臺北市：
如何，2006〔民95〕
136面；19.7×20.8公分. --（Happy family；15）

ISBN 986-136-087-5（平裝）

1.相宅

294.1 95004888

105

台北市南京東路四段50號6樓之一

圓神出版事業機構 收

廣 告 回 函
北區郵政管理局登記 證北臺字1713號
免 貼 郵 票

寄件人：

地址：　市　縣　鄉鎮　市　路（街）　段　巷　弄　號　樓

電話：（宅）　（家）